비판적 읽기
논리적 소통

I

지은이 신지연

서울대학교 국어국문학과 문학사, 문학석사, 문학박사
현 목원대학교 국어국문학과 교수
논저 :『국어 지시용언 연구』,『언어예절(공저)』 외

지은이 최혜진

숙명여자대학교 국어국문학과 문학사, 문학석사, 문학박사
현 목원대학교 교양교육원 교수
논저 :「토론과 글쓰기 통합형 수업 모델과 교양국어의 방향」,『판소리 유파의 전승 연구』 외

지은이 강연임

충남대학교 국어국문학과 문학사, 문학석사, 문학박사
현 목원대학교 교양교육원 교수
논저 :『한국어 담화와 생략』,『매체에 의한 어휘의미의 변용과 국어교육적 수용방안』 외

비판적 읽기
논리적 소통 I

초판 1쇄 인쇄 2016년 2월 19일
초판 1쇄 발행 2016년 2월 26일

지은이 신지연 · 최혜진 · 강연임

펴낸곳 인문과교양
주소 (01624) 서울특별시 노원구 동일로 1700
전화 02-3144-3740
팩스 02-933-3777

ISBN 979-11-85939-31-5 (03700)

Critical reading and Logical communication

비판적 읽기
논리적 소통

I

신지연 · 최혜진 · 강연임

인문과
교양

머리말

얼마 전의 신문 기사에 따르면 기업의 인사담당자들은 신입사원에게 외국어 능력보다도 국어사용 능력의 부족이 더 심각한 것으로 느끼고 있다고 한다. 특히 국어 능력 중 가장 부족하다고 생각하는 부문은 쓰기나 말하기 등의 표현 능력이었으며, 구체적으로는 기획안이나 보고서 및 이메일 작성 능력, 대화 능력, 프레젠테이션 능력 등에 불만을 가지고 있는 것으로 조사되었다. 사회적으로 표현 능력에 대한 요구가 점차 커지고 있는 것은 요즈음 화법, 화술, 프레젠테이션, 글쓰기, 논술 등과 관련된 각종 서적의 출판이 봇물을 이루고 있는 것을 보아서도 쉽게 알 수 있다. 실제적으로 산업 현장에서 기업이 사원들에게 요구하는 능력이 각종 의사소통 능력, 대인 능력이라는 사실이 이와 같은 출판계 조류와 밀접한 관련을 맺고 있는 것이다. 그런 점에서 표현과 이해 능력을 포괄하는 국어 의사소통 능력 함양을 위한 체계적이고도 실제적인 훈련이야말로 시대가 사회 진입을 목전에 두고 있는 대학생들에게 절실히 요구하는 바이다.

실제로 언어생활은 말하기, 읽기, 듣기, 쓰기가 두루 연계되는 복합 과정이다. 이 책은 대학의 교양 국어 관련 과목이 이해 영역(읽기, 듣기) 중심으로 이루어졌던 것을 반성하고, 표현 영역(말하기, 쓰기)을 이해 영역(듣기, 읽기)과 통합하여 연계적으로 교육할 수 있게 내용을 구성하였다. 먼저 학생들로 하여금 주어진 주제에 대한 글을 읽으면서 정보를 수집하고 읽은 내용을 체계적으로 정리하도록 한다. 이어서 발표와 토론 과정을 통해 각자 수집하고 정리한 내용들을 내놓고 나누면서 지식을 확대재생산하게 한다. 그리고 이 모든 과정을 통하여 종합된 자신의 생각을 일목요연하게 정리하여 쓰는 것으로 마무리하게 한다. 이러한 과정이 단절되지 않고 연속적으로 이루어지기 때문에 자연스럽게 네 영역의 교육이 연계적으로 이루어져 효과가 극대화된다. 이와 같은 교육과정은 자신의 의견을 남에게 개진하거나 남의 의견을 수용하는 과정에서 바람직한 인간관계를 형성하는 방법을 자연스럽게 체득하는 대인적 효과까지 거둘 수 있다.

이 책은 학생들에게 기본적 국어의사소통 소양과 함께 보편적 교양을 갖추게 하는 목적을 갖기도 한다. 이를 효율적으로 달성하기 위하여 읽기의 기초 자료로 여러 사회적 이슈와 관련한 기초 지식을 제공하여 우리가 사는 세계와 사회에 대한 관심을 촉발하고 지식을 넓히게 한다. 예를 들어 '다문화성'이라든가 '소수자 차별'과 같은 시의성 있는 주제에 대한 다양한 관점을 가진 글들을 교재를 통하여 읽게 하고, 나아가 스스로 관련 자료를 찾아보게 하여 지식 반경을 넓힌 다음 그것을 발표와 토론의 자료로 삼게 하여 교양의 확장과 국어능력 향상이 자연스럽게 연계되도록 하는 것이다. 이런 방법을 따르면, 읽기를 통하여 형성된 지식 기반이 발표와 토론의 말하기를 활성화하며 발표와 토론 중의 듣기를 통하여 지식이 더욱 확장되고 정리되는 상호 작용과 상승 작용이 이루어질 수 있다.

경쟁적인 현대사회를 사는 우리에게 특별히 요구되는 것이 바로 창의성이다. 많이 읽고, 많이 듣고, 많이 이야기하면서 종합하고 유추하는 복합적 사고 작용 중에 논리성과 합리성이 수반된 창의적인 아이디어가 산출될 것이다. 창의성을 함양할 수 있게 하는 교육과정은 궁극적으로 학생들을 미래지향적이고 긍정적인 가치관을 지닌 건강한 사회인으로 거듭나게 하는 데 일조할 것이다. 더 나아가 사회적 현안에 대한 정보들을 능동적으로 모아 저마다의 의견을 표현하고 공유하고 조절할 줄 아는 성숙한 시민을 만들어내는 데에도 이 표현 영역 중심의 교육이 큰 기여를 할 것으로 본다.

2016. 2
저자 대표 신지연

차 례

CONTENTS

CONTENTS

CONTENTS

제1부

토론을 위한 읽기 마당

1과

사이버 시대의 의사소통

현대 사회는 시간과 공간이 지배하는 실제 세계의 삶 외에 시공을 뛰어넘는 사이버 공간에서의 가상 세계의 삶을 동시에 사는 것이 보편화되었다. 시간과 공간에 구애받지 않고 실시간으로 전 세계 다양한 계층의 사람들과 동시에 의사소통할 수 있으며 모르는 사람과 만나 의견을 나누는 일이 아주 쉬워졌다. 게다가 개인을 드러내지 않을 수도 있으므로 처음 만나는 사이에 체면을 벗어던진 자유로운 의사 표현까지 가능하다. 예전 같으면 만나서 생각을 나누기 어려운 연령대나 계층의 사람들과 쉽게 연결될 수 있게 되어 의사소통의 범위가 매우 넓어짐으로써 직접 경험할 수 없는 세계를 잘 알 수 있게 되었으며 생각이나 취미가 같은 사람들끼리 공감과 교류의 마당을 펼치는 일이 쉬워짐으로써 인간과 사회에 대한 이해의 폭이 매우 넓어지게 된 것이다.

그러나 한편으로는 개인 신상의 무분별한 노출과 익명성의 보호 아래 자행되는 언어폭력으로 큰 상처를 입게 되는 일도 빈번하며, 실제 세계의 윤리와 가상 세계의 윤리 일치 여부에 대한 혼동으로 기존 윤리가 파괴되는 가치관 혼란을 경험하기도 한다. 21세기 디지털 세계의 사이버 의사소통, 그 순기능과 역기능에 대해 생각해보고 역기능을 극복할 수 있는 방안에 대해 토론해보자.

가족 간 대화 단절, 병주고 약주는 인터넷
74% "온라인으로 대화"

인터넷이 가족 간 대화를 단절시키는 요인임과 동시에 촉진시킬 수 있는 매개체라는 조사결과가 나왔다. 인터넷이 사용방법에 따라 가족 간 대화의 독이자 약이 될 수 있다는 것이다. 여성가족부는 29일 사단법인 한국인터넷마케팅협회와 함께 초고속 인터넷을 이용하는 전국 가정의 만 13~59세 남녀 2,000명을 대상으로 실시한 설문조사 결과 이 같은 결론이 나왔다고 밝혔다.

조사결과 만 13~19세 청소년들의 인터넷 건강수준과 가족 대화수준이 모두 가장 낮은 것으로 드러나 대책 마련이 시급한 것으로 분석됐다. 이 연령층에서는 '인터넷을 한 번 시작하면 생각보다 오래한다', '인터넷을 하지 않을 때도 인터넷 생각이 자주 난다' 등의 문항에 '그렇다'고 답한 응답자가 많았다. 또 '자신도 모르게 인터넷에 심리적 의존상태가 과도해 강박적 집착수준에 이르고 있다'고 답한 사람도 상당수였다. 반면에 '가족에게 자신의 고민이나 어려움을 이야기한다', '가족들에게 화를 안 내고 대화를 한다' 등의 응답은 매우 적었다. 전체 응답자의 51.9%는 '인터넷 사용 증가로 가족대화가 줄어들었다'고 답했으며, 57%는 '인터넷 사용에 대한 가족 내 규칙 마련이 필요하다'고 응답했다. 건강한 인터넷 사용을 위해 가정 내에서 실천하고 있는 규칙은 '사용시간 정하기'가 85.8%로 압도적으로 많았고 12.5%는 '가족과 함께 인터넷하기' 등을 제시했다. 또 조사 대상자의 74.8%는 '인터넷을 통해 가족과 온라인에서 대화하고 있다'고 응답해 인터넷이 가족 간 대화의 주요 매체로 이용되는 것으로 조사됐다.

가족 간 대화에 사용되는 인터넷 수단으로는 이메일이 67.2%(이하 중복 답변)로 가장 많았으며, 메신저 56.0%, 미니 홈피와 블로그 50.7%, 동호회 · 카페 29.1%로 집계됐다. 온라인으로 대화하는 가족으로는 형제 · 자매(39.6%), 배우자(36.8%) 순이었고 어머니(11.5%), 아버지(9.6%)와의 대화는 상대적으로 낮게 나타났다.

〈하윤해 기자, 국민일보, 2006.5.29.〉

직장인 '뉴스 접할 때 인터넷 선호' 94%

직장인들은 뉴스를 접할 때 90% 이상이 신문 구독보다 인터넷을 선호하는 것으로 나타났다. 또 모르는 것이 있을 때 책이나 전문가에게 답을 얻기보다는 인터넷 정보검색을 하는 경우가 90%를 넘는 것으로 조사됐다. 취업포털 잡코리아(www.jobkorea.co.kr)는 최근 남녀 직장인 779명을 대상으로 '인터넷 의존도 자가 진단'을 실시한 결과 이같이 나타났다고 18일 발표했다.

이번 설문은 참여자들이 쇼핑할 때, 독서할 때, 여가 시간을 보낼 때 등 7가지 상황에 온라인과 오프라인 중 어느 것을 활용하는지 선택하게 했다. 먼저 물건을 살 때 온라인 쇼핑을 한다는 의견이 69.4%로 오프라인 쇼핑 30.6%보다 높았다. 여성은 64.7%, 남성은 74.7%가 온라인 쇼핑을 통해 물건을 구매한다고 답했다.

뉴스를 접할 때는 신문구독(5.8%)보다 인터넷으로 뉴스를 검색한다는 의견이 94.2%로 높게 나타났고, 모르는 것이 있을 때 책이나 전문가에게 질문(5.4%)을 해서 답을 얻는다는 의견보다는 인터넷 정보검색을 한다는 의견이 94.6%로 높았다. 여가 시간도 온라인 게임 또는 인터넷 서칭을 한다는 의견이 72.1%로 오프라인 야외활동(27.9%)을 한다는 사람보다 많았다.

▲ 인터넷을 활용한 정보검색

독서를 하거나 고민상담을 할 때, 친구 및 지인들과 할 얘기가 있을 때는 오프라인을 이용하는 경향이 더 높았다. 응답자 78.9%가 인쇄된 책으로 독서를 한다고 답했고, 전자기기를 통한다는 한다는 의견은 21.1%였다. 고민이 있을 때는 58.9%가 가족 또는 지인에게 고민을 상담한다고 답했고 나머지 응답자(41.1%)들은 인터넷 익명게시판을 통한다고 답했다. 또 친구 및 지인들과 할 얘기가 있을 때 이메일 또는 메신저로 대화한다는 의견이 31.8%, 전화 또는 만나서 한다는 의견이 68.2%였다. 설문참여자에게 본인의 인터넷 의존도를 자가진단하게 한 결과 20.5%가 '상당히 높다'고 답했고 52.5%는 '높은 편이다'라고 응답했다. 반면 '낮은 편이다'를 택한 직장인은 3.5%에 머물렀다.

인터넷에 의존하는 상황에 대해선 '인터넷을 잘 활용하는 것이 업무 또는 생활에 도움이 된다'(54.2%)고 답했다. 다음으로 '지나치게 의존하는 것은 건강에 좋지 않다고 생각한다'(23.2%), '우리 생활과 밀접한 관계가 있으므로 크게 문제되지 않는다'(22.3%) 등의 의견이 있었다.

〈손봉석 기자, 경향신문, 2012.1.18.〉

'집단적 지성' 표출 불구 감정적 행동 문제

온라인 광장 한계는

2008년 '촛불'을 계기로 새롭게 주목받은 온라인 광장은 매력적이긴 하지만, 모든 게 완벽한 '멋진 신세계'는 아니었다. 누리꾼들은 무규칙 속에 방향성을 잡아가는 '집단 지성'의 주체로 성장했지만, 여전히 '집단감성'에 취하기 쉬운 온라인 특유의 본질적 한계라는 과제도 함께 남겼다. 대표적 사례로, 일부 누리꾼들이 비판언론이나 공권력에 감정적으로 대응한 결과, 선의가 왜곡됐던 점 등을 꼽을 수 있다. '조중동' 등 보수 언론 기자들의 블로그와 이름·신상 정보가 게시판에 공개되는 사례가 이어졌고, 지난 6월에는 한 여대생을 발로 폭행한 것으로 추정되는 전경의 신상정보가 공개돼 인권침해 논란이 번졌다.

조직 기반이 없는 네트워크 구조 때문에 때때로 온라인에서 형성된 여론이나 전망이 일반적인 것처럼 착시효과를 내기도 했다. 지나치게 낙관적인 시각이 현실에선 다른 결과로 나타나면서, 오히려 열패감이나 공허함만을 남긴 경우도 적지 않다. 지난 7월 31일 서울교육감 선거 결과도 이런 맥락에서 해석이 가능하다. 누리꾼들은 주경복 후보의 승리를 확신했지만, 예상은 빗나갔다. 정책반대시민연대 '카프' 운영진은 "인터넷은 건설적인 논의가 이뤄질 수도, 부정적인 여론몰이가 이뤄질 수도 있는 곳"이라며 "아무것도 바꿔내지 못한 촛불을 보며 인터넷 여론 형성에 회의를 느끼는 이들이 있을 수 있다"고 말했다.

또 얼굴 없는 대중이 모이는 온라인 광장의 특성 때문에 오프라인 행동으로 나아가는 과정 곳곳에서 잡음이 나오기도 했다. 다음 '아고라'와 '마이클럽' 등에서는 촛불 시위를 지지하는 광고를 싣기 위한 누리꾼 모금 과정에서 모금액을 광고 제안자가 사적으로 운용했다는 시비가 일기도 했다.

순식간에 달궈졌다가 또 순식간에 냉각되는 온라인 광장의 특성상 차분하고 계획적인 논의를 하기가 어려운 측면이 있다. 촛불시위에 서울에서만 70여만 명이 참여한 6월 10일을 전후해 '아고라'에 오른 글은 수만 건의 조회 수를 기록했지만, 촛불시위가 잦아든 7월 들어 조회 수는 수천 건 단위로 떨어졌다. "같은 이야기의 반복이 지나치고, 누리꾼 역시 다중적이고 경험이 적어 방향을 설정하기 어렵다"는 게 카페 운영진들의 한결같은 이야기다. 반면 온라인 광장을 오프라인으로 연결하는 과정에서 어떤 문제들이 있는지 경험했다는 점도 결국 온라인 광장의 진화가 아니겠냐는 것 또한 이들의 생각이다.

〈노현웅 기자, 한겨레, 2008.8.11.〉

심각한 사이버 공간의 언어폭력

언어는 의사소통 도구이면서 사용자 인품도 함께 드러나 사이버 언어폭력 심사숙고를

사람들은 '너무', '정말', '아주'란 말을 흔히 사용한다. 공공 교통수단인 시내버스를 이용하다 학생들이 나누는 이야기를 듣다 보면 감정의 표현이 직설적이고 알아들을 수 없는 언어도 많다. '미치겠다. 너무 좋아' 등의 언어를 듣는 것은 일반적이다. 사실 언어는 의사소통의 도구이면서 사용하는 사람의 인품을 드러내는 역할도 한다. 밖으로 드러나는 말뿐만 아니라 손 전화를 사용하는 사람들 역시 시공간에 관계없이 문자 언어를 주고받는다. 그것은 때에 따라 실시간으로 소셜 네트워크 서비스(Social Network Service)라 하는 SNS로 중계된다. 그렇기에 많은 학자들은 현대사회의 특징 중 하나를 정보화 사회라 말하는 데 이의를 제기하지 않는다. 지역에서 일어난 일이, 서울로 아니 베이징, 런던, 뉴욕으로 실시간으로 전달된다.

최근 황당한 일을 겪었다. 모임 내에서 일어난 일이었다. 일반적으로 허용되는 선을 벗어난 일을 회원이 지적하자 그것을 합당화시키기 위한 글을 카페에 올렸다. 그것뿐만 아니라 빠른 전달력과 넓은 전파력을 이용해 여러 사람에게 왜곡된 문자를 보낸 것이다. 자초지종을 밝힐 필요는 없지만 상당히 불쾌하고, 사이버 폭력에 해당하는 일이라 며칠 동안 불면의 밤을 보낼 수밖에 없었다.

우리는 이미 자신도 모르게 사이버 공간에 노출되어 있는 상황이다. 그렇기에 오래전 들을 수 없었던 '사이버 폭력'이란 말을 사용하고 있고, 일반 학교에서는 폭력 신고 항목에 '사이버 폭력 신고'란 항목을 특별히 개설하고 있다. 사이버 폭력이란 '여러 사람 앞에서 상대방의 명예를 훼손하는 구체적인 말(성격, 능력, 배경 등)을 하거나 그런 내용의 글을 인터넷, SNS 등으로 퍼뜨리는 행위(명예훼손)'이고 이에 대한 법률적 해석을 덧붙이자면 '내용이 진실이라고 하더라도 상대방의 명예를 훼손할 의도가 있을 때는 범죄이고, 허위인 경우에는 형법상 가중 처벌 대상'이 된다고 적어 놓고 있다.

그런 일을 겪으며 '모욕' 또한 새롭게 인식할 필요가 있음을 깨달았다. 모욕은 여러 사람 앞에서 모욕적인 용어(생김새에 대한 놀림, 병신, 바보 등 상대방을 비하하는 내용)를 지속적으로 말하거나 그런 내용의 글을 인터넷, SNS 등으로 퍼뜨리는 행위를 가르친다. 그 인터넷상에 올린 글 중에는 말도 안 되는 신상비방뿐만 아니라 '바보'란 인신공격성 표현까지 서슴지 않고, 그야말로 도를 넘고 있었다. 지성인이라고 자처하는 사람이 쓴 것이 맞을까 그러면서 '너무' 심한 것 아닌가란 생각까지 들었다. 분명 그런 언어를 다반사로 활용하는 사람은 그 언어에 갇혀 스스로 수렁에 빠지고, 조직과 격리됨을 깨달을 필요가 있다.

사회 언어는 식물이 계절 따라 변하듯 움직이고 있다. 세상이 변한다고 폭력 언어가 착한 언어로 둔갑될 수는 없다. 사이버상에서 일어난 언어폭력으로 많은 연예인을 잃고, 학생이 자살하기까지 한 우리나라다. 현실 공간이든, 사이버 공간이든 너무 지나치게 언어폭력을 일삼는 사람들은 폭력 언어를 사용하기 전에 그것이 바른 행위인지 깊이 심사숙고해서 말을 사용하고, 글을 올려야 할 것이다.

〈하재영, 경북일보, 2015.7.16.〉

美대학생 73% "SNS 친구는 진짜 친구 아니다"

올해 미국 대학 신입생 가운데 73%가 페이스북 등 소셜네트워크서비스(SNS)상 '친구'를 진정한 의미의 친구로 생각하지 않는 것으로 나타났다. 뉴욕의 마케팅 서비스 기관인 '미스터 유스(Mr. Youth)'는 올해 가을학기 신입생 5천 명을 대상으로 조사해 이 같은 결과를 얻었다고 23일 밝혔다.

미스터 유스의 보고서에 따르면 대학 신입생들은 SNS를 통해 사진(84%), 성적 취향(sexual orientation, 69%), 관계 상태(78%) 등 상당히 개인적인 신상까지도 공유한 것으로 조사됐다. 하지만 여전히 현재 거주지 주소, 전화번호나 구매 제품 등에 대해서는 서로 공유하지 않는 등 온라인과 오프라인 친구 간에는 명확한 차이가 존재하는 것으로 나타났다.

▲ SNS의 일종인 트위터

온라인상 우정은 학교 같은 반, 동아리 등 이해관계를 공유하게 되면서 시작되지만 73%는 직접 만나서 함께 어울려야만 친구로 생각한다고 답했다고 보고서는 전했다.

그렇지만, 전체의 91%가 페이스북 플레이스나 포스퀘어를 통해 체크인(Check-in, 온라인상에서 방문 여부를 확인하는 것) 서비스를 활용하고, 심지어 66%는 친구가 체크인한 곳을 확인한 뒤 각종 매장을 찾는 것으로 나타났다. 또 절반이 넘는 52%가 페이스북 '친구'가 300명이 넘고 이 중 10%는 친구의 수가 1천 명을 웃돌았다. 76%는 하루 1시간 이상, 40%는 하루 10번 이상 페이스북을 방문했다. 심지어 59%는 수업시간에도 페이스북을 방문한 적이 있다고 말했다.

이 밖에 87%는 TV 프로그램이나 영화를 기존 TV가 아닌 온라인으로 시청하고, 전체의 89%가 이미 랩톱을 보유하고 있었으며, 5%만이 앞으로 PC를 구입할 계획이 있다고 답했다. 67%는 스마트폰으로 페이스북을 이용하는 것으로 나타났다.

〈임상수 기자, 연합뉴스, 2011.8.24.〉

사이버 시대 문제점의 인식과 개선 노력

일반적으로 정보통신상에서는 이용자들이 자율적 규제를 선호하고 있기 때문에 시민운동 차원에서의 정보통신 윤리 확산 운동이 성과를 거둘 수 있도록 하려면 온라인상에서의 토론이나 교육을 통한 네티켓 의식의 확산이 필요하다. 이러한 인터넷 언어와 관련된 여러 문제점은 누구보다도 인터넷 사용자들이 잘 알고 있어서, 그 심각성과 폐해를 인식하게 된 인터넷 사용자들 사이에 청소년에게 모범을 보이기 위해서라도 바른 언어 사용을 하자는 움직임이 일고 있다. 특히 온라인을 통한 시민운동은 소수 인원의 노력이 폭발적인 위력을 발휘할 수 있으므로 매우 효과적이다. 시민운동을 통한 정보통신상의 규제는 도덕적 규범을 강조해서 자율적으로 비윤리적인 행위를 멈추도록 하는 것이다. 이 규제의 장점은 개인이나 집단의 사용자에 직접 작용하는 것이기 때문에 사회적 동기·가치·규범이 결정적으로 중요한 역할을 하며, 행동에 직접적 영향을 미친다는 것이다. 사용자들 스스로 윤리적인 판단을 통해 결정하는 것으로 일부 네티즌들의 통신 예절 확립 운동이나 통신 공간의 자정 운동 등이 그러한 경우이다. '야후'나 '다음' 같은 포털 사이트들에서 네티켓 운동을 펼치고 있으며, 언어폭력을 일삼는 회원들에게 사용정지나 법적 고발 등의 제재 조치를 취하는 게임 사이트가 생기는 등 인터넷 사용 주체들 사이에서 인터넷 언어폭력이나 훼손을 감시하고 제재하려는 노력을 기울이고 있다.

인터넷 사용자들의 불건전한 사용으로 인하여 정보의 바다라는 인터넷의 순기능보다는 오염의 바다, 음란의 바다라는 역기능 내지 유해성이 점점 강하게 인식되어 가고 있는 이때, 이러한 현실을 해소하기 위한 최고의 방법은 어린 시절부터 인터넷 사용자 교육을 강화하는 것이다. 이 교육의 가장 중요한 내용은 인터넷이 매력적인 자원인 동시에 잠재적 위협을 가지고 있음을 인터넷 이용 초기부터 알려주는 것이다. 인터넷 이용자들이 인터넷을 통하여 다양한 자원을 최대한 활용하도록 안내하고, 동시에 인터넷이 안고 있는 잠재적 위협을 인식하고 대처할 수 있게 하는 것이다. 그러기 위해서는 인터넷과 더불어 살아가야 할 어린 세대들이 온라인상에서 안전하면서도 현명하게 자신을 지킬 수 있는 기술을 갖추도록 해야 한다. 여기에는 인터넷 내용에 관한 불만을 다루는 신고센터 안내하기, 인터넷 사업자에 의한 행동강령 개발을 격려하기, 공용으로 이용할 수 있는 인터넷을 올바르게 사용하는 방법 교육하기 등이 포함된다.

또한 이 교육은 인터넷 사용 당사자인 아동과 청소년을 위한 교육뿐 아니라 그들의 인터넷 사용을 지도하고 감시해야 하는 관리자(super-visor)로서의 부모와 교사를 위한 교육도 포함해야 한다. 실생활과 마찬가지로 사이버상의 윤리도 부모로부터 받는 영향이 크므로 가정에서의 반복적인 사이버 윤리 학습이 매우 중요하다. 정부나 기관은 인터넷의 장단점에 대한 이해가 부족한 부모나 교사를 위해 인터넷의 순기능과 역기능에 대해 설명하고, 온라인상에서 누구를 어떻게 만나야 하는지, 또 효과적인 연구나 숙제를 위한 도구로서 어떻게 하면 인터넷을 잘 활용할 수 있는지에 대해 가르쳐 줄 수 있도록 해야 한다. 한편으로는 최근 가장 문제가 되고 있는 채팅 피해와 음란물 피해에 대한 대처를 알려주는 내용을 교육해야 한다. 그리하여 부모나 교사들이 아동들로 하여금 사이버 세계와 실제 세계는 별개의 세계가 아니라 우리의 가치관과 사회적 인식, 도덕관념 등이 똑같이 적용되어야 하는 동일한 세계임을 인식할 수 있게 해야 한다. 부모는 컴퓨터를 가족이 공유하는 장소에 놓고 자녀와 함께 적절한 사용규칙을 정하는 한편, 많은 시간을 자녀와 함께하되 필요에 따라서는 검열 소프트웨어를 설치하는 등의 방법으로 어린 시절부터 자녀들의 올바른 네티켓 형성을 도와주어야 한다.

세계 여러 나라에서는 인터넷의 해악을 최소화하기 위해 인터넷 이용자들을 위한 가이드라인을 마련하고 관리하는 기구를 두고 있다. 우리나라에서는 1995년부터 정보통신부 산하에 정보통신윤리위원회를 두어 웹사이트(www.icec.or.kr)를 통해 '정보통신 윤리강령(1995년)', '네티즌 윤리강령(2000년)'을 선포하는 등 올바른 통신문화의 확산을 위해 노력하고 있다. 아래와 같은 '정보통신 윤리강령'이나 '네티즌 윤리강령' 등이 어린이와 청소년들에게 제대로 인식되고 실천될 수 있도록 교육을 게을리해서는 안 될 것이다.

정보통신 윤리강령

정보 시대가 다가오고 있다. 정보통신 기술의 발달로 시간과 공간의 장벽이 무너지고 세계가 하나 되는 시대를 맞고 있다. 우리 모두는 정보 시대의 주인이 되어 유익한 정보를 서로 나누고 인류의 행복과 높은 이상이 실현되는 사회를 만들어야 할 책임이 있다. 모든 정보는 정확하고 성실하게 활용되어야 하며, 인간의 존엄성을 지키고 삶의 품위를 높이는 데 이용되어야 한다. 개인의 창의력과 조직의 능률을 향상시키며 나라의 발전과 민족문화의 창조적 계승을 도모하고 세계가 더불어 번영하는 데 이바지하도록 정보문화를 가꾸어 나가야 한다. 우리는 정보의 제공과 활용에 있어 서로의 인권을 존중하고 나라의 법질서를 준수하며 국민정서에 맞는 미풍양속을 바로 세우는 시민의식 형성에 앞장선다. 바른 언어를 사용하고 공중도덕을 지킴으로써 정보 질서를 확립하고 국가의 기밀이나 개인의 사생활과 지적재산권은 보호하되 유용한 정보는 함께 나누는 마음가짐이 새로운 가치관으로 뿌리내리도록 노력한다. 아울러 모든 개인과 지역에 정보의 공개와 활용의 혜택이 골고루 돌아가도록 힘씀으로써 밝고 정의로운 복지사회를 이룩하는 데 최선을 다한다. 우리는 정보 시대를 살아가는 민주시민으로서 건전한 윤리가 정보사회의 기반을 이루어야 한다는 데 뜻을 모으고 이 뜻이 실현되도록 성실하게 노력할 것을 다짐한다.

네티즌 윤리강령

정보통신 환경의 변화에 따라 사이버 공간의 이용이 급증하고 있다. 네티즌은 사이버 공간에서 유익한 정보를 서로 나누고 건전한 인간관계를 형성하며, 다양한 경험을 쌓는다. 또한 사이버 공간을 통해 정보사회의 성숙한 인간으로 성장하며, 인류사회 발전에 기여한다. 사이버 공간의 주체는 네티즌이다. 네티즌은 사이버 공간에서 표현의 자유와 권리를 가지고 있으며, 동시에 의무와 책임도 지니고 있다. 이러한 권리가 존중되지 않고 의무가 이행되지 않을 때 사이버 공간은 무질서와 타락으로 붕괴되고 말 것이다. 이에 사이버 공간을 모두의 행복과 자유, 평등이 실현되는 공간으로 발전시킬 수 있도록 '네티즌 윤리강령'을 제정하고 이를 실천할 것을 다짐한다.

■ 네티즌 기본 정신

사이버 공간의 주체는 인간이다.

사이버 공간은 공동체의 공간이다.

사이버 공간은 누구에게나 평등하며 열린 공간이다.

사이버 공간은 네티즌 스스로 건전하게 가꾸어 나간다.

■ 행동강령

우리는 타인의 인권과 사생활을 존중하고 보호한다.

우리는 건전한 정보를 제공하고 올바르게 사용한다.

우리는 불건전한 정보를 배격하며 유포하지 않는다.

우리는 타인의 정보를 보호하며, 자신의 정보도 철저히 관리한다.

우리는 비속어나 욕설 사용을 자제하고, 바른 언어를 사용한다.

우리는 실명으로 활동하며, 자신의 ID로 행한 행동에 책임을 진다.

우리는 바이러스 유포나 해킹 등 불법적인 행동을 하지 않는다.

우리는 타인의 지적재산권을 보호하고 존중한다.

우리는 사이버 공간에 대한 자율적 감시와 비판활동에 적극 참여한다.

우리는 네티즌 윤리강령 실천을 통해 건전한 네티즌 문화를 조성한다.

〈박금자 · 장소원 · 신지연 공저, 『언어예절』, 한국방송통신대학교출판부, 2007.〉

학과 : 학번 : 이름 :

1 사이버 시대의 의사소통 소통 마당

01 사이버 시대의 모습에 대해 긍 · 부정의 입장 중 하나를 취하여 자신의 생각을 간단히 서술해보세요.

02 위의 문제에 대한 글을 쓰기 위해 개요를 작성하려고 합니다. 다음 순서에 맞추어 개요를 완성해보세요.

가주제 : 사이버 시대의 의사소통

참주제 :

주제문 :

제목 :

〈개요〉

I. 서론

II. 본론

1.

1)

2)

2.

1)

2)

3.

1)

2)

III. 결론

03 인터넷의 발달이 의사소통에 미치는 영향을 본문의 기사 내용을 바탕으로 정리해보세요.

인터넷이 의사소통에 미치는 영향
①
②
③
④
⑤

04 '사이버 시대 문제점의 인식과 개선 노력'의 글을 바탕으로 인터넷 사용의 문제점을 정리하고 그 해결방안을 제시해보세요.

인터넷 사용의 문제점	해결 방안

05 인터넷 의사소통의 순기능 중 '의사소통의 효율성 및 경제성'에 대해 논거를 마련하려고 합니다. 논거가 될 만한 사례들을 읽기 마당에서 찾아 정리해보세요.

①
②
③

06 읽기 마당에 있는 내용을 인터넷 사용의 긍정적인 측면과 부정적인 측면으로 나누어 요약해보세요.

긍정적인 면	
부정적인 면	

07 사이버 시대의 대표적인 의사소통 방법으로 이메일과 SNS를 들 수 있는데, 이러한 매체를 활용한 의사소통의 장단점을 간단히 제시해보세요.

	장 점	단 점
이메일		
SNS		

08 다음과 같은 인터넷 사용의 부정적인 현상들에 대해 어떠한 노력이 필요한지 자신의 생각을 정리해서 기술해보세요.

부정적 현상	해결 방안
세대 간 대화 단절	
게임 중독	
폭력 음란물의 범람	
언어의 파괴와 훼손	
인터넷 범죄	
정보 유출과 사생활 침해	
악플	

09 사이버 의사소통에 대해서 다음의 논제를 중심으로 토론을 벌이려고 합니다. 찬성 측 주장을 뒷받침할 논거 네 가지와 반대 측 주장을 뒷받침할 논거 네 가지씩을 각각 찾아보세요.

> **찬성 측 논제 :** 인터넷은 의사소통 활성화에 긍정적 역할을 한다.
> **반대 측 논제 :** 인터넷은 의사소통 단절을 심화할 뿐이다.

찬성측 논거

①

②

③

④

반대측 논거

①

②

③

④

2과

대학생의 사랑과 결혼

우리는 성(性)적 자기 결정권을 가지고 있는 주체적 인간이다. 그러나 우리는 이 사회의 도덕과 규범 속에서 살아야만 하는 정치적 인간이기도 하다. 변화하는 시대 속에서 현대의 대학인들에게 과연 성(性)은 어떤 의미이며, 자신의 성적 주체성은 어떻게 형성할 것인가 하는 문제는 중요하다고 할 수 있다. 이러한 점에서 현대사회는 혼전 순결, 동거에 대해 관대한 듯 보인다. 그러나 이에 따른 부작용과 사회적 금기 역시 존재한다고 할 수 있다. 혼전 임신, 낙태, 미혼모 문제 등은 우리가 현실적으로 대응해야 할 부정적 모습들이다.

그렇다면 우리는 순결과 동거의 문제를 어떻게 바라보아야 할까? 이에 대해 제시문은 다양한 글을 통해 찬성과 반대의 입장을 나누어 보여준다. 서로 다른 의견의 논거를 정리해보고 자신의 생각과 견해를 말해보자.

2030 결혼관 들어보니…"연애 따로 결혼 따로"

56.5% "결혼 얘기 꺼내면 관계 다시 생각"…
조건 따지다 초혼연령 갈수록 높아져

- 취업준비생 A(30 · 여)씨는 설 연휴에 자신의 부모님께 인사하러 가자는 남자친구의 제안을 거절했다. A씨는 이미 여러 번 결혼하자는 남자친구의 말을 장난스럽게 뿌리쳐 왔다. A씨는 "남자친구는 이미 대기업 계열사에 다니고 있지만 나는 준비가 안 됐다"며 "자리를 잡을 때까지 계속 거절해야 하는데 이러다 헤어지지 않을까 불안하다"고 속내를 밝혔다.
- 회사원 B(35)씨는 3년 전 2년 넘게 사귄 여자친구와 헤어졌다. 집에서 "정해준 사람과 결혼하지 않으면 금전적인 지원을 해주지 않겠다"고 했기 때문이다. '결혼은 현실'이라 생각한 B씨는 별 고민 없이 집안에서 정해준 사람과 결혼했다. B씨는 현재 부모님이 제공한 아파트에서 결혼 생활을 하고 있다.

"연애와 결혼 상대 달라도 합리적"

20~30대 사이에서 '연애 따로 결혼 따로'라는 인식이 널리 자리 잡고 있다. 20~30대들은 '결혼은 현실'이라는 모토 아래 연애와 결혼을 아예 별개로 생각하거나 연애를 하다가도 막상 결혼 얘기가 나오면 망설이고 있다. 결혼전문업체 듀오가 지난해 7월 20~30대 미혼남녀 649명을 대상으로 실시한 설문조사에서 응답자 중 41.6%가 "연애와 결혼 상대가 따로 있다고 생각하냐"는 질문에 "그렇다"고 답했다. 또 "현재의 연인과 결혼까지 생각하냐"는 질문에 "아니"라고 답한 비율은 45.6%에 달했다. 설문조사 응답자들의 답변을 종합한 결과 20~30대 미혼남녀가 '연애가 결혼으로 이어질 확률'에 대해 예상한 비율은 47.5%로 절반이 안 됐다.

최근 초등학교 동창이 주선한 소개팅에 나갔지만 상대방을 더 이상 만나지 않기로 한 김모(29 · 여)씨는 "상대가 싫어서라기보다 이제 결혼을 전제로 만나야 하기에 거절한 것"이라며 "결혼할 때는 여러 가지를 고려해야 하지 않겠냐"고 밝혔다. 전모(30 · 여)씨는 "대학 들어오자마자 돈 많은 사람과의 결혼이 목표라며 25살에 결혼한 친구가 있었다"며 "예전에는 '왜 저럴까' 싶었는데 잘 사는 모습을 보니 그 친구가 합리적이었다는 생각이 든다"며 씁쓸해했다.

결혼이 연애 걸림돌?…"결혼 생각 없으면 관계 다시 고민"

A씨의 사례처럼 자신의 처지가 결혼 조건에 부합하지 못한다는 부담감과 이로 인한 결혼 기피 현상은 연애의 걸림돌이 된다. 듀오가 지난달 실시한 설문조사에 따르면 응답자 중 56.5%가 "결혼 생각이 없는데 연인이 결혼 이야기를 꺼낼 경우 일단 연애는 하지만 관계를 고민하거나 유보하겠다"고 답했다. 상대가 좋아 연애를 하고 결혼도 하고 싶지만 막상 결혼이라는 현실이 닥치면 주저하고 망설이는 것이다. 이모(26 · 여)씨는 "남자친구의 집안이 잘 살아 몸만 오면 된다고 하지만 나는 부담스럽다"며 "갓 취업을 해서 모아놓은 돈이 없는데 막상 결혼하면 미움받지 않을까 걱정된다"고 토로했다. 여자친구와 3년 넘게 관계를 이어오고 있는 전모(31)씨는 "가정의 지원이 없다면 최소한 전세금 정도는 있어야 결혼할 수 있지 않겠냐"며 "직장이 둘 다 서울인데 집값 낮추려고 무작정 경기도 모처로 내려갈 수도 없는 노릇"이라고 밝혔다.

이처럼 더 나은 상대로 찾고 싶은 욕구와 사랑해도 선뜻 결혼하지 못하는 망설임은 자연스럽게 혼인 시기 지연과 결혼 기피 현상으로 이어진다. 지난해 통계청이 발표한 '2014년 혼인 · 이혼 통계'에 따르면 인구 1000명당 혼인 건수(조혼인율)는 6.0건으로 관련 1970년 이후 역대 최저치를 기록했다. 평균 초혼연령은 남자 32.4세, 여자 29.8세로 전년대비 각각 0.2세 높아졌다. 10년 전에 비해 남자는 1.9세, 여자는 2.3세 상승했다.

전문가 "결혼 큰 희생 · 용기 필요…상대 선택 존중해야"

'연애 따로, 결혼 따로'라는 인식이 널리 퍼지고 있는 이유는 무엇일까. 관계·소통전문가인 정혜전 피앤티컨설팅 대표는 "기성세대는 적정 나이가 되면 결혼을 해야 한다는 인식과 스트레스가 강했다. 반면 20~30대는 결혼을 위한 결혼이 아닌 자신의 욕망이나 목표를 중요시한다"며 "사랑을 해도 결혼 생활에 불편을 주거나 함께하고 싶다는 의식 없이는 해피엔딩으로 끝나지 않을 수 있다는 점을 파악하고 있다"고 설명했다. 또 "여성의 사회적 욕망이 높아지며 결혼에 대한 필요성이 낮아지고 남성이 능력 있는 여자를 결혼 상대로 선호하게 되면서 연애와 결혼을 따로 생각하게 된 것"이라고 덧붙였다.

김승호 듀오 홍보 팀장은 "사랑하는 것조차 사치인 요즘은 결혼 상대자에게 원하는 조건이 연애할 때보다 더 다양하고 까다롭다"며 "결혼은 큰 용기와 희생이 필요한 만큼 결혼 이야기를 할 때는 상대의 생각을 충분히 듣고 본인 스스로 선택할 수 있도록 배려하며 풀어나가야 한다"고 권고했다.

〈윤수희 기자, 뉴스1코리아, 2016.2.9.〉

2016 '대학생이 꿈꾸는 결혼' 인식

대학내일 20대연구소가 2016 '대학생이 꿈꾸는 결혼' 인식 조사 결과를 발표했다.

'삼포세대'라는 단어가 심심찮게 쓰이는 요즘이지만, 대학생에게 결혼은 여전히 행복한 미래를 상상하는데 있어 빠질 수 없는 '로망' 중 하나일 것이다. 지난 2015년 12월, 서울/수도권 대학생 남녀 359명을 대상으로 '내가 꿈꾸는 결혼의 모습'에 대한 생각을 물었다.

대학생이 살고 싶은 신혼집, '수도권 소재 20평대 전세 아파트'

대학생이 가장 적당하다고 생각하는 신혼집의 형태를 한 마디로 정리하면 '수도권(서울 외) 소재 20평대 전세 아파트'였다. 먼저 주택 형태로는 '아파트/주상복합'이 52.6%로 1위를 차지했고, 이어서 '빌라/연립'(19.2%), '원룸/다세대주택'(18.4%)을 꼽았다. 원하는 거주 지역은 '서울 외 수도권'이 34.5%로 가장 높았고, '지역 무관' 응답도 28.1%를 차지해 반드시 '인 서울'을 고집하지는 않는 것으로 나타났다. 집의 계약 형태는 전세가 61.0%로 다수를 차지했고, 자가도 30.9%로 높은 비율을 차지했다. 반면, 월세 응답은 8.1%에 불과했다. 원하는 평수로는 20평대가 63.8%로 가장 높았고, 이어서 10평대와 30평대가 각각 18.1%, 16.7%를 차지했다.

대학생 H씨(23세)는 서울 외 수도권 지역으로 꼽은 이유에 대해 '사회 초년생들이 집을 구하려면 서울권에서 구하기 힘들 것 같다. 좀 멀더라도 더 깨끗하고 더 넓은 집이었으면 한다.'고 밝혔다. 서울 시내의 높은 집값에 대한 현실을 대학생들도 어느 정도 고려하고 있음을 엿볼 수 있는 대목이다.

신혼집 선택 시 가장 중요하게 고려할 요소 '출퇴근 여건'(53.1%)

그럼에도 불구하고 막상 신혼집을 선택할 때 가장 중요하게 생각하는 것은 역시 '출퇴근 여건'인 것으로 드러났다. '직장과의 거리'가 28.1%로 1위를 차지했고, 교통 편의성(25.0%)이 근소한 차이로 2위에 올랐다. 그밖에 '주변 편의시설'(12.0%), '자가/전월세 여부'(11.0%), '집 시설 및 인테리어'(10.1%) 등은 앞서 꼽은 2가지 요소에 비해 낮은 비율로 나타났다.

결혼 준비 예상 비용 총 1억 7,502만원

최근 한 결혼 정보업체가 조사한 결과에 따르면 2016년 현재 실제 평균 결혼 비용은 총 2억 7,240만원. 그러나 대학생들이 예상하는 총 결혼비용은 그와 제법 차이가 나는 1억 7,502만원인 것으로 밝혀졌다. 세부적으로 살펴보면, 그중 신혼집 마련이 1억 2,122만원, 혼수 마련이 2천910만원, 결혼식 및 기타 준비가 2천470만원을 차지했다.

결혼 비용 부담, 본인과 부모님 분담 비율 70:30

향후 결혼에 드는 비용(신혼집, 혼수, 기타 준비 비용 모두 포함)을 부모님과 어느 정도 비율로 부담하겠냐는 질문에 남녀 모두 약 70 대 30의 비율로 부담하겠다고 응답했다. 즉, 앞서 예상한 총 비용 1억 7,502만원 중 70%에 달하는 1억 2천 여 만원에 해당하는 금액을 본인이 부담하겠다는 것이다.

한편 배우자와 나의 분담 비율은 남녀가 약간의 차이를 보였다. 남학생의 경우 본인과 상대방의 분담 비율을 55 : 45로 본인이 10%p 더 많이 부담하겠다고 제시한 반면, 여학생의 경우 47 : 52로 본인이 5%p 더 적게 부담하겠다고 응답했다.

결혼할 때 '예물', '예식' 생략해도 돼

결혼할 때 생략해도 되는 것을 묻는 질문에 대다수가 '예물'(72.1%)과 '결혼식'(69.1%)을 꼽았다. 자동차(38.7%)나 웨딩촬영(16.4%), 신혼여행(11.4%)보다 월등히 높은 비율을 차지하고 있는 것으로 보아 결혼 당사자인 본인들의 즐거움과 추억을 위한 요소를 가족 및 주변 사람들을 위한 요소들보다 중시하고 있음을 추측할 수 있다. 이에 대해 대학생 P씨(22세)는 "명품백 주고받는 기사보고 충격 받았다. 부모님께 감사의 뜻으로 선물을 하는 것은 좋지만, 굳이 예단, 함과 같은 격식을 차려 불필요한 지출을 할 필요가 있나 싶다."고 말했다.

결혼 후 안정적 생활에 필요한 연봉 5,614만원

안정적인 결혼 생활을 위해 필요한 연봉은 본인과 배우자의 수입을 합하여 평균 5,614만원으로 나타났다. 단, 자녀를 가지지 않고 둘만 생활할 경우를 기준으로 한 금액이다. 25~29세의 4년제 대졸자 평균 급여가 연 2,769만원 정도(2014년 통계청 집계 기준)인 것을 감안할 때 현실적인 기대 수준이라 할 수 있다.

한편, 결혼 후를 상상했을 때 배우자와 함께 보내고 싶은 여가 시간은 일 평균 3시간, 외식은 월 평균 4.6회, 해외여행은 연 평균 1.6회로 나타났다.

본 조사를 진행한 대학내일 20대연구소 호영성 책임연구원은 "대학생이면 아직 결혼에 대해 막연하게 생각할 때라 준비 비용 등에 있어서 일부분 현실과 다소 차이 나는 결과가 나올 수는 있다"며 "그러나 변화하고 있는 20대의 결혼에 대한 가치관과 인식을 엿보기에는 충분했다. 격식보다는 당사자들의 행복과 실리를 추구하며, 배우자와의 여가도 중요하게 생각한다"고 밝혔다.

아울러 "비용 분담에 있어서도, 남녀 모두 배우자와 내가 비슷한 수준으로 분담해야 한다는 인식을 갖고 있었다"며 "안정적이고 쾌적한 주거환경에 대한 욕구가 높으면서도 어느 정도 현실성을 고려하는 모습도 엿보였다"고 덧붙였다.

〈대학내일 20대연구소, 2016.2.2.〉

미혼男女 90%, '혼전 성관계' 가능

국내 1위 결혼정보회사 듀오와 서울대학교 심리학과 최인철 교수가 공동 운영하는 듀오휴먼라이프연구소에서 전국 미혼남녀 1,000명을 대상으로 조사한 '연애와 행복 인식 보고서'를 최근 발표했다.

'2014년 삶의 만족도'는 44.8점(남 43.6점, 여 45.9점)으로 집계됐다. 남성은 '35~39세 대학원 학력'이 53.6점으로 가장 높았고, '35~39세 고졸 이하'가 33.3점으로 가장 낮았다. 여성은 '25~29세 대학원 학력'이 70점으로 가장 높았고, '35~39세 대학원 학력'이 27.1점으로 가장 낮았다. 삶의 주요 구성 요소별 만족도를 살펴보면, 외모는 53.8점, 학력 52.6점, 직업 49.6점, 경제 45.1점으로 나타났다. '경제 만족도'가 제일 낮은 편이었는데, 특히 남성은 '연소득 2천만원 미만'이 40.8점, 여성은 '연소득 2천만원 이상~3천만원 미만'이 42점으로 가장 낮았다.

연애해야 하는 이유: 솔로는 더 불행(不幸)하다

미혼남녀의 행복 지수 및 각 요소별 만족도는 '교제 여부'에 큰 영향을 받았다. 특히 남녀의 행복 지수는 '결혼을 전제로 교제 중'일 때 각각 64.3점, 58.1점으로 가장 높았다. '솔로 남성(49.5점)'과 '솔로 여성(49.9점)'은 전체 평균치(53.5점)에 크게 못 미쳤다. 즉 연애 중인 커플, 그중 결혼을 전제로 한 커플이 솔로보다 훨씬 행복했다.

외모(결혼 전제 교제 63.6점, 솔로 49.9점), 직업(결혼 전제 교제 56.2점, 솔로 45.7점), 학력(결혼 전제 교제 57.4점, 솔로 50.2점), 경제(결혼 전제 교제 48.8점, 솔로 42.6점) 등 각 요소별 만족도 또한 혼인을 전제로 한 연애에서 가장 높게 나타났다.

연애 경험도 빈익빈(貧益貧) 부익부(富益富)

미혼남녀는 연애, 결혼, 출산 중 '연애(남 49.3%, 여 49.9%)'를 가장 많이 기대했다. 이어 '결혼(남 46.7%, 여 43.8%)', '출산(남 3.9%, 여 6.3%)'이 꼽혔다. 그 이유는 '(연애가) 심리적인 풍요를 줄 것 같아서(남 52.3%, 여 49.7%)'란 답변이 압도적이다. 비교적 자유로운 연애를 지향하고, 결혼과 출산에 부담을 갖는 요즘 미혼의 세태를 엿볼 수 있다. 연소득과 이성교제의 상관 분석 결과, 소득이 높을수록 이성교제 횟수가 많았다. 연소득별 이성교제는 2천

▲ 행복 지수를 높이는 것으로 나타난 '연애'

만원 미만 3.4회, 2000만원~3000만원 4.6회, 3천만원~4천만원 4.7회, 4000만원~5000만원 4.8회로 나타나, 연애경험 횟수는 소득 수준에 비례했다. 그러나 여성은 '연소득 5천만원 이상'의 고소득에서 오히려 이성교제 횟수가 감소하는 경향을 보였다.

혼전 성관계 인식 지수 56.1점, 교제 1개월 내에도 가능

한국의 '혼전 성관계 인식 지수'는 56.1점으로 대체로 긍정적인 시각이 드러났다. 미혼 10명 중 9명(88.8%)은 혼전 성관계가 가능하다고 여겼다. 가장 많은 남녀(남 35.3%, 여 16.8%)가 혼전 성관계는 '교제 1개월 이내에도 무방하다'고 답했고, '결혼식 전 불가'라는 의견은 11.2%에 불과했다. 한편 '2014년 결혼리서치'는 설문조사 전문회사인 온솔커뮤니케이션과 함께 전국의 25세 이상 39세 이하 미혼남녀 1,000명(남성 507명, 여성 493명)을 대상으로 지난해 12월 1일부터 18일까지 진행됐다.

〈김민정 기자, 이데일리, 2015.2.7.〉

여성 60%, 혼전 동거 "아직은 반대하지만 생각해보겠다"

과거 이성 간의 혼전 동거는 음란한 것으로 여겨져 동거를 하는 사람들을 보는 시선이 곱지 않았다. 그러나 지금 20~30대에게 동거는 솔직하고 거침없는 연애의 표현이고 경제적인 면에서 효율적이라는 측면에서 긍정적인 인식이 커져가며 하나의 생활 문화가 되어 가고 있다. 현재를 살아가고 있는 젊은 세대의 남녀는 동거에 대해 어떻게 생각하고 있을까.

단위 : %명(20~30대 싱글남녀 933명 대상)

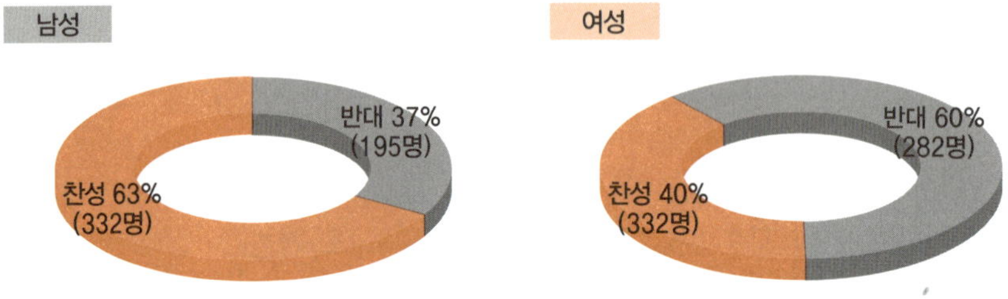

결혼 전 이성과의 동거, 찬성? 반대?

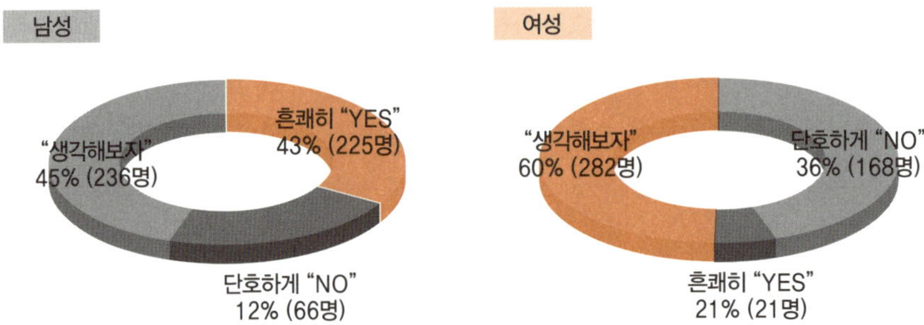

이성친구가 동거를 제안한다면?

자료 : 소셜데이팅 이음

소셜데이팅 이음(박희은 대표, i-um.com)이 성인남녀를 대상으로 동거에 대한 설문조사를 실시했다. 20~30대 성인남녀 998명에게 결혼 전 이성과의 동거에 대해 찬반의견을 묻는 질문에 남성의 63%가 찬성한다고 답한 반면, 여성의 60%가 반대한다고 답했다. 동거에 찬성하는 이유로는 "서로에 대해 몰랐던 부분들을 알 수 있기 때문이다"라는 답변을 선택했다. 동거를 반대하는 이유로는 "동거를 하다가 헤어지면 상처받을 것 같아서", "아무리 사귀는 사이라도 개인적인 시간과 공간이 필요하기 때문이다." 순으로 나타났다.

설문에 참여한 남성 중 18%인 95명이, 여성 중에서는 전체의 8%인 38명이 동거를 해본 적 있다고 답했다. 또한 이성친구가 동거를 제안했을 때 어떻게 할 것인가에 대한 질문에 남성의 45%가 "생각해보자" 43%가 "흔쾌히 허락한다"라는 반응을 보였고, 여성의 경우에는 60%가 "생각해보자"라고 말했고 36%가 "단호하게 거절한다"고 답해 남녀의 차이가 나타났다.

이번 설문조사를 실시한 이음의 신지언 홍보팀장은 "동거에 찬성하는 대부분의 남녀가 '동거는 이혼의 예방책'이 될 수 있다고 생각하는 것으로 나타났다"며 "설문조사에 참여한 여성의 60%는 동거에 반대한다고 답하면서도 남자친구가 동거를 제안했을 때는 생각해보겠다"며 "과거에 비해 동거에 대한 부정적 인식은 사라지고 있는 것으로 보인다"고 말했다.

〈김현주 기자, 세계일보, 2011.5.18.〉

"부부만 같이 사나 동거가 어때서…" 당당한 젊은이들

대학사 원룸 밀집지역서 빠르게 확산

최근 동거가 사회적 이슈로 부상했다. 한국개발연구원(KDI)이 저출산 문제를 해결하기 위한 방안으로 동거를 거론해 논쟁을 불러일으킨 것. 동거를 바라보는 기성세대의 시선은 곱지 않다. 동거가 '음란하다'는 생각이 지배적이기 때문이다. 하지만 개방적인 성문화와 전통적 가족질서의 해체 등으로 동거문화는 빠르게 확산되고 있다. 대학가 또는 원룸이 밀집한 주택가에서 동거 커플을 보는 것은 어렵지 않다. 동거가 이미 생활의 한 양식으로 자리 잡았음을 의미한다. 동거가 논란의 중심이 된 것을 계기로 우리나라 동거문화의 현주소를 알아봤다.

현실에서도 동거는 보편적인 문화

대기업에 다니는 최모(50) 씨는 퇴직 후 생활에 대비하기 위해 올해 대학가 주변에 원룸을 신축했다. 대학을 끼고 있어 원룸은 쉽게 임대가 됐다. 하지만 최 씨는 임대 현황을 보고 동거하는 젊은 남녀들이 생각보다 많다는 사실에 놀라움을 감추지 못했다. 16개 원룸 가운데 동거 커플에게 임대된 것은 전체의 75%인 12개로 세입자는 대부분 대학생들이었다. 최 씨는 "예전에 비해 동거하는 대학생들이 많아졌다는 이야기는 들었지만 이 정도일 줄은 예상도 못 했다. 대학생 딸을 키우고 있는 입장에서 걱정이 되는 것이 사실이다"라고 말했다.

또 인터넷에는 동거인을 구하고 알선해주는 사이트들이 운영되고 있다. 회원 수 5만여 명을 자랑하는 한 사이트 게시판을 방문해보니 동거 파트너를 구한다는 글과 함께 여행을 떠날 사람을 찾는 문구가 가득했다.

동거를 바라보는 시선도 많이 달라졌다. 마음이 맞는 남녀가 결합하는 방식으로 결혼이 전부인 줄 알았던 기성세대와 달리 요즘 젊은 세대는 동거에 개방적이다. 지난해 결혼정보업체 웨딩스쿨이 전국의 미혼남녀 회원 720명을 대상으로 '신(新) 살아보고 결혼하자'에 대해 설문조사를 한 결과, '혼전 동거를 찬성한다'는 의견이 전체 63%를 차지했다. 반면 '혼전 동거에 반대한다'는 의견은 37%에 불과했다.

찬성 이유로는 '결혼할 사이라면 괜찮다'고 응답한 비율이 35%로 가장 높았으며, '사랑하는 사이라면 문제될 것이 없다'(15%), '경제적 문제 때문에 할 수 있다'(10%), '이혼을 막기 위한 한 방안'(3%) 등이 뒤를 이었다. 반대 이유로는 '성에 대한 무책임함 때문에'가 20%로 1위를 차지했으며 '사회 통념상 절대 그래선 안 된다'가 10%, '재혼과 다를 것이 없다'가 7%로 조사됐다. 웨딩스쿨 관계자는 "동거에 대한 젊은 층들의 관념이 개방적으로 많이 변화되었음을 보여주는 결과다. 외국 문화를 많이 접하는 젊은 층에게 동거는 금기가 아닌 선택이 되고 있는 것이 현실"이라고 설명했다.

동거 백태

사람들이 동거를 하는 이유는 다양하다. 개인적인 특성은 있지만 동거 유형은 크게 가출형, 생계형, 결혼 회피형, 결혼 전제형 네 가지로 나누어 볼 수 있다. 가출형은 집을 나와 동거를 시작하는 경우다. 주로 10대들에게 나타나는 동거 유형이다. 고등학교 2학년 김모(17) 군은 6개월 전 가출을 한 뒤 동갑내기 여고생과 동거를 하고 있다. 현재 김 군은 학교에도 가지 않고 있다. 학교에 가면 부모님이 기다리고 있기 때문이다. 김 군의 부모는 아들이 하루빨리 돌아오기만을 기다리고 있다. 김 군의 부모는 "가출한 뒤 얼마 되지 않아 아들이 결혼을 시켜달라며 집을 찾아왔다. 꾸짖고 달래고 타일러도 말을 듣지 않아 한바탕 난리가 벌어졌다. 그 이후로는 부모 전화도 받지 않고 있어 소재를 파악할 방법이 없다"고 하소연했다.

생계형은 동거생활을 선택하는 데 경제적인 이유가 한몫을 한 경우다. 대학가에서 흔히 볼 수 있는 동거 형태다. 대학에 다니는 박모(26) 씨와 지모(23 여) 씨는 대학 주변 원룸에서 2년째 동거를 하고 있다. 학과 선후배 사이인 둘은 집에는 동거 사실을 철저히 비밀에 부치고 있다. 하지만 가까운 친구들은 그들의 동거를 알고 있다. 이들은 "같은 시험을 준비하다 가까워져 함께 생활하게 됐다. 같은 공부를 하고 있어 서로 의지가 되고 생활비도 아낄 수 있는 이점이 있다"고 했다.

결혼 회피형은 결혼은 부담스러운데 좋아하는 사람과는 같이 있고 싶어 동거를 선택한 유형이다. 여자 친구와 1년째 동거를 하고 있는 직장인 윤모(26) 씨는 "여자 친구도 나이가 많지 않아 결혼을 해야 할 상황은 아니다. 결혼보다 함께 있고 싶어 동거를 시작했다. 운전해서 왔다 갔다 할 필요도 없고 여러 가지로 편하다. 누가 옆에 있으니 외롭지 않아 좋다"고 말했다.

결혼 전제형은 결혼을 위한 '중간 정거장'으로 동거를 선택한 경우다. 회사원

박모(28 여) 씨는 영국인 남자친구와 결혼을 전제로 동거를 하고 있다. 부산이 고향인 박 씨는 집안 어른들에게 허락을 구한 뒤 6개월 전 동거를 시작했다. 박 씨는 올해 말 영국에 있는 남자친구 부모에게 인사를 다녀온 뒤 내년 봄쯤 결혼식을 올릴 예정이다.

동거를 보는 시각은 답보 상태

동거가 널리 퍼져 있지만 유교적인 성향이 강한 우리나라에서 동거를 보는 시각은 여전히 부정적이다. 동거하는 사람은 과거에 비해 크게 늘었지만 이들을 보는 시각은 답보 상태에 머물러 있는 것이 현실이다. 동거문화를 받아들이자는 입장에서는 "동거는 이혼율을 낮추고 이혼에 따른 후유증을 줄일 수 있는 등의 장점을 갖고 있다"고 강조한다. 반면 동거문화를 터부시하는 쪽에서는 "신성한 결혼의 의미가 퇴색될 수 있다. 결혼에 대한 책임을 회피하는 동거는 오히려 큰 불행을 초래할 수 있다"는 등의 반박 논리를 내세우고 있다. 하지만 개방적인 성문화로 인해 동거가 더욱더 확산될 것이라는 데는 동거 찬성론자나 반대론자 모두 의견을 같이한다. 동거를 바라보는 시각과 현실 사이에 심각한 괴리 현상이 존재하는 만큼 우리 사회가 이를 줄이려는 노력을 해야 한다는 주장이 점점 힘을 얻고 있다.

〈이경달 기자, 매일신문, 2011.12.3.〉

사랑하니까 동거한다고?

고양이족이냐, 싱글족이냐

젊은 층 사이에 새로운 종족이 떴다. 요즘 화제만발인 TV드라마 '옥탑방 고양이'처럼 동거를 하거나 꿈꾸는 이들이 고양이족이고, 개봉 첫 주 박스오피스 1

등에 오른 영화 '싱글즈'의 독신남녀가 싱글족이다.

두 집단의 공통점은 일단 '쿨'하다는 거다. '옥탑방…'에선 하룻밤 사랑 뒤 책임을 지네 마네 궁상떨지 않는다. '싱글즈'의 여주인공은 '아침밥 해주고 밤에 서비스해주면 남편이 학비 대주고 용돈까지 준다'는데도 '남의 손 빌려 밑 닦은 것처럼 찜찜해서' 혼자 사는 것을 택한다. 싱글족은 언제든지 고양이족이 될 수 있다는 점에서 이들은 호환성이 풍부하다.

동거는 가족의 또 다른 형태

고양이족 바람을 타고 젊은 층일수록 혼전동거에 찬성한다는 의식조사 결과도 쏟아져 나왔다. 암만 사랑한대도 살아봐야 상대방을 알 수 있다는 게 큰 이유다. 아니다 싶으면 동거 단계에서 끝내는 게 이혼율도 줄일 수 있다.

나쁘지 않다. 서로의 합의에 의해 이루어지는 성인남녀의 관계는 있는 그대로 봐주는 것이 정신건강에도 좋다. 전통적 가족제도가 무너진다는 우려도 있지만 동거와 독신은 현대사회의 또 다른 대안가족으로 자리 잡는 추세다. 선악과 상관없이 우리가 기준으로 삼고 있는 미국에서 지난 10년간 가장 많이 늘어난 가족형태가 동거다. 북유럽엔 동거가 결혼만큼 흔하다.

이상한 건 서구에선 이미 행복과는 거리가 있다고 밝혀진 동거가 우리나라에선 쿨하고 선진적인 새로운 삶의 양식처럼 간주되기 시작했다는 점이다. 동거를 놓고 토론을 벌였다는 한 여대생은 "동거 반대라는 말만 해도 수구 꼴통에 반(反)개혁 반페미니즘적이라고 찍히는 분위기"라고 했다. 남녀가 동등해야 마땅한 터에 여자만 헤프다는 낙인이 찍힐까봐 두려우냐는 비판이 돌아온다는 얘기다.

동거를 예찬하는 그들은 '디지털 디바이드(Digital Divide)'에 이어 '결혼 디바이드(Marriage Divide)'란 말이 나온 걸 미처 모르는 모양이다. 미국과 영국에선 결혼 여부가 계층을 알아보는 요소로 자리 잡았다. 미국의 사회학자 린다 웨이트는 결혼했다는 것만으로도 생활수준이 결혼 안 한 사람보다 3분의 1이 높아진다고 했다.

결혼한 남자는 더 건강하게 오래 살며 돈도 더 번다는 연구결과는 잘 알려져 있다. 남자만큼은 못 돼도 결혼한 여자 역시 얻는 게 적잖다. 반면 동거커플은 생활 형편과 건강 정서가 불안정하고 바람도 더 피운다는 것이 최근 영국 사회조사연구소의 발표다. 더 중요한 건 아이들이다. 동거커플 밑에서 자란 혼인 외 자녀들은 이혼부모의 아이들보다 공부도 못하고 비행에 빠질 가능성도 높다는 거다. 동거와 결혼의 법적 차별이 없는 스웨덴에서도 이런 현상이 나타난다고 '결혼 문제'의 저자 제임스 윌슨은 지적했다.

"살아보고 결혼한다"는 구호가 환상이 아닌지도 의문이다. 영국에선 첫 동거의 평균 지속기간이 2년에 불과하다. 동거커플 중 결혼에 골인하는 사람은 열 명 중 여섯인데 이들 중 35%가 10년 안에 헤어진다. 동거커플이 갈라설 확률은 결혼한 부부보다 서너 배 높다고도 했다.

그렇다면 사랑하니까 그냥 같이 산다는 말도 못 믿겠다. 지금 내 감정이 진짜 사랑인지 아닌지를 가늠할 수 있는 3대 요소가 친밀감, 열정, 헌신이다. 동거엔 헌신이 빠져 있다. 사랑만 갖고 결혼하는 것도 아니고 백년해로가 절체절명의 가치는 아니라 해도, 마음 변하면 언제든지 갈라설 수 있다는 자세로는 삶의 굴곡을 견뎌내기 힘들다. 번거롭게 남들 보는 앞에서 식 올리고 법에다 신고하게끔 결혼제도가 만들어진 것도 웬만하면 참고 살라는 깊은 뜻 때문이지 싶다.

내 딸의 행복을 원한다면

물론 자기 책임 아래 자기 삶을 선택한다는데 타인이 가타부타할 필요는 없다. 각자 열심히 살면 될 일이지 개명 천지에 내 삶의 방식을 남에게 강요하거나 편견으로 대하는 것도 우습다. 다만 내 딸이 고양이족이 되겠다면 결사반대할 작정이다. 인류 탄생 이래 결혼이라는 제도가 이어져 왔다는 건 그만한 이유가 있기 때문이다. 살아갈수록 절감하는 것 중의 하나가 옛말 그른 것 없고 어른 말 들으면 자다가도 떡이 생긴다는 사실이다. 인간사에 있어선 더욱 그러하다. 이런 걸 왜 나이든 지금에야 알게 됐는지 안타깝지만.

〈김순덕, 동아일보, 2003.7.18.〉

동거에 대한 3가지 거품 제거

동거에 대한 거품을 제거해야만 바르게 볼 수 있다. 그리고 정직하게 우리의 이야기를 말해야 한다.

첫 번째로 걷어야 할 거품은 바로 '알아보고 결혼하면 잘 살 수 있다'는 것이다. 결혼해서 잘 살기 위해서는 알아볼 것은 모두 알아보고 하자는 논리가 과연 동거에 대한 정당한 논리인가? 정말로 동거를 하면 앞으로의 결혼 생활이 장밋빛처럼 밝아질까? 알아보고 결혼하면 잘 살 수 있다는 것은 그야말로 실체가 없는 거품이다. 알아본다는 것이 무엇인가? 서로를 알아가는 것은 단기간에 이루어지는 것이 아니라 오랜 시간이 필요하다. 특별히 삶의 다양한 변화가 우리의 영혼에 얼마나 많은 영향을 주는지 모른다. 일정한 시간의 동거를 가지고 남은 일생을 장담하는 것은 그야말로 어리석은 일이다. 결국 알아보고 결혼하자는 것은 성적인 문제에 국한될 뿐이다. 또한 성적인 문제를 알면 결혼 후에 행복할 것이라는 생각은 참으로 어리석은 생각이다. 오히려 외도의 바람이 더욱 거셀 수 있다. 인간은 본성상 성적인 쾌락을 추구한다. 그러나 그렇게 하지 않는 것은 본성을 뛰어넘는 인격적인 관계를 개발하는 존재이기 때문이다. 그러므로 동거를 하면 행복해질 것이라는 것은 인간에 대한 지극히 낭만적인 생각이다. 인격은 오랜 세월 온갖 풍상을 겪으면서 다듬어지고 만들어진 것이다. 그리고 지금까지의 수많은 사람들이 알아보지 않고도 행복한 삶을 살았고, 인류를 형성해왔다. 결국 알아보고 결혼하는 것은 미혹의 영의 일이라고 아니할 수 없다.

둘째로 결혼은 해도 손해, 안 해도 손해라는 생각의 거품이다. 너무나도 많이 듣는 소리이다. 온갖 종류의 대중문화는 이러한 사상을 유포하고 있다. 결혼하면 남편은 무뚝뚝해지고, 아내는 아줌마가 된다는 낭설이다. 그래서 앞집 여자를 생각하고 외도를 한다는 것이다. 이제 외도는 보편적인 현상이다. 이것을 죄로 인식하는 것은 구시대적인 착오라고 생각하는 이들도 있다. 한국 영화 중에서 히트를 쳤던 영화 〈바람난 가족〉은 이러한 현실을 고발하고 있다. 영화의 주장대로 우리 사회는 이렇게 썩어가고 있는 것인가? 그래서 결혼은 해도 손해, 안 해도 손해인가? 그러나 이것은 분명히 없어져야 할 거품이다. (중략) 오늘날 인류의 확장으로 누리는 행복은 바로 결혼 제도를 통한 하나님의 은혜이다. 그러므로 결혼은 두 사람의 차원을 넘는 우주적인 것으로 단순히 쾌락의 대상과 동거하는 것이 아니다. 결혼은 하나님이 인간에게 주신 거룩하고 존귀한 선물이다.

셋째는 "섹스에 대한 자유가 있을 때 진정한 자유를 누리는 것이다"라는 거품을 벗어야 한다. 성에서 자유로운 것이 과연 현대인의 자유의 상징일까? 요즘 대부분의 뮤직비디오는 적극적인 섹스어필을 하고 있다. 적어도 대중문화에 있어서 섹스는 일상의 언어가 되었다. 그리고 현대인이라면 섹스에 대한 보수적 관점에서 벗어나야 한다고 몰아붙이고 있다. 모더니즘 시대가 아닌 포스트모더니즘 시대를 살려고 한다면 섹스에 대한 도덕적 강박에서 벗어나야 한다는 요구이다. 동거는 바로 이러한 선언이 뒷받침하고 있다. 그러나 이 역시 우리가 벗어야 할 거품이다. 섹스는 인본적 상업주의자들이 만들어낸 상술이다. 인간의 거짓된 본성을 끌어내어서 돈을 얻고자 하는 수단이다. 점점 대중문화가 본능적이 되어가고 있다. 달란트가 아닌 몸으로 돈을 벌고 있기 때문이다. 예술을 빙자한 몸팔기에 열중하고 있다. 문화는 중립적이라고 끊임없이 외침으로 자신은 도적적 가책에서 벗어나려고 한다. 바로 그러한 농간에 동거에 대한 환상이 있다.

섹스가 자유로울 때 이미 그 공동체는 사형선고를 받은 것과 다름없다. 자유가 아니라 멸망이 그 앞에 다가온 것이다. 우리는 섹스가 자유로웠던 소돔과 고모라 공동체의 멸망을 알고 있다. 또한 강력한 군사력을 가지고 해가 지지 않을 것이라 자신하였던 로마제국의 멸망은 바로 섹스에 대한 방종에 있었다. 하나님께서 자유가 아니라 멸망을 허락하신 것은 거룩한 성이 하나님의 뜻을 벗어났기 때문이다.

동거는 아름다운 환상이 아니라 멸망의 길을 재촉하는 지름길이다. 거품이 사라지면 슬피 울며 이를 가는 모습만 남게 된다.

〈신동식, 『기독교 세계관이 상실된 세상에서』, 우리시대, 2014.〉

학과 :　　　　　　학번 :　　　　　　이름 :

2 대학생의 사랑과 결혼
소통 마당

01 읽기 마당의 글을 읽은 후 현대 한국인들이 결혼에 대해 어떻게 생각하고 있는지 요약하여 제시하세요.

02 '사랑하니까 동거한다고?'를 읽고, 글쓴이의 주장을 400자 내외로 정리해보세요.

03 동거와 결혼은 어떤 점에서 같고 어떤 점에서 다른지 적어보세요.

	같은 점	다른 점
동거 & 결혼		

04 동거문화로 인해 생기는 폐해에는 어떠한 것들이 있는지 조사해보고, 이를 대비하거나 해결하기 위한 방법에 대해 모색해보세요.

• 동거문화의 폐해 : ____________________

• 이에 대한 해결책 : ____________________

05 혼전 동거를 반대하는 입장에서 다음과 같은 점 등을 이유로 내세운다고 할 때, 이에 대한 반박 논리를 개발하여 제시하세요.

① 미혼모 발생을 막기 위해 혼전 동거 막아야 한다.

↔ 미혼모 발생은 임신에 대한 책임을 지지 않는 당사자들의 태도가 문제이지, 혼전 동거가 미혼모 발생을 유발하는 것은 아니다.

② 동거는 '어두운 과거'를 만든다.

↔

③ 동거는 결혼의 신성함을 퇴색시킨다.

↔

④ 동거는 만나고 헤어지는 것을 쉽게 생각하는 경향을 낳아 이혼율을 높인다.

↔

06 대학생 동거문화의 문제점을 기술해보세요.

1) ______________________________

2) ______________________________

3) ______________________________

4) ______________________________

5) ______________________________

07 혼전 동거를 하나의 사회적 제도, 곧 하나의 결혼 형태로 인정하자는 견해, 또 결혼과 자녀 출산을 보편적인 의무로 생각하는 사회적 태도를 바꾸어야 한다는 주장이 있습니다. 이 주장을 뒷받침할 근거와 이 주장을 반박할 근거들을 각각 생각해 보세요.

주장 : 혼전 동거도 결혼과 마찬가지로 사회적 제도의 하나로 정착되어야 한다.	
주장에 대한 뒷받침 근거	
주장에 대한 반박 근거	

주장 : 혼전 동거도 결혼과 마찬가지로 사회적 제도의 하나로 정착되어야 한다.	
주장에 대한 뒷받침 근거	
주장에 대한 반박 근거	

3과

성공과 행복

성공하면 행복한가? 돈이 많으면 행복한가? 질문은 여기서부터일 것이다. 그렇지 않다는 사실이 확률상 많다는 것을 알면서도 현대인들은 성공하기 위해 질주한다. 여기서의 성공이란 '외모, 자본, 학벌'이다. 다른 말로 하면 지위나 명예, 부가 될 것이다. 이들이 주는 기득권 층의 안락함과 편안함을 알기 때문에 사람들은 너도 나도 그 고지를 점령하려고 애쓴다. 그러므로 현대인의 성공 신화는 곧 자본과 연관되어 있다. 상황이 이러하니 돈이 없고도 행복할 수 있다는 명제는 참으로 성립하기 어려운 문제가 되었다.

그러나 돈이 우리에게 행복의 전부를 주는 것이 아니라면, 또 돈을 위해 달려가는 인생이 무의미하다는 것을 인정한다면 과연 우리는 어떻게 변화해야 할까? 순간의 쾌락이 아니라 진정한 행복을 위해서 우리가 지녀야 할 덕목은 과연 무엇일까? 이러한 고민이 결국 우리의 가치관을 만들어 줄 수 있을 것이다. 제시문은 이러한 문제에 대한 상반된 의견을 담고 있다. 어떠한 삶의 모습이 과연 나를 진정한 행복에 이끌어 줄 수 있을지 생각하고 논리적으로 자신의 의견을 말해보자.

대한민국 성공조건 1위는 '경제적 능력'

대한민국 성인남녀들이 선택한 성공의 조건 1위는 경제적 능력인 것으로 조사됐다.

온라인 취업포털 사람인(www.saramin.co.kr 대표 이정근)이 성인남녀 2,023명을 대상으로 '대한민국에서 성공하기 위해 가장 필요한 조건'을 조사한 결과, '경제적 능력'이 33.9%로 1위를 차지했다. 뒤이어 '집안배경'(22.7%), '인맥'(8.7%), '전문성, 능력'(8%), '뚜렷한 목표의식'(3.9%), '건강'(3.5%), '안정적인 직업'(3.3%), '노력, 성실함'(2.8%), '긍정적 마인드'(2.7%), '학벌'(2.5%) 등의 순이었다.

하지만 현재 본인이 가지고 있는 것은 '노력, 성실함'(26.2%, 복수응답)이라는 답변이 가장 많았다. 계속해서 '경제적 능력'(25.6%), '전문성, 능력'(21.5%), '긍정적 마인드'(19%), '건강'(17.9%), '뚜렷한 목표의식'(16.2%), '열정'(14.4%), '도전정신'(13.3%) 등의 응답이 이어졌다.

성공한 삶의 기준으로는 28.8%가 '일과 생활을 즐기는 것'을 선택했다. 다음으로 '물질적으로 풍요로운 것'(18.1%), '하고 싶은 일을 하는 것'(14%), '마음이 여유로운 것'(13.4%), '화목한 가정을 만드는 것'(7.7%), '자수성가하는 것'(4.7%) 등의 답변 순이었다. 성공한 삶을 본인이 이룰 확률은 평균 44%로 절반 수준이었으며, 예상 소요기간은 평균 19년으로 집계됐다.

대한민국에서 성공하기 위해 현재 하고 있는 노력으로는 '취업, 이직 등으로 좋은 직업을 가지려고 한다'(50.9%, 복수응답), '직무 전문성을 쌓는다'(32%), '무슨 일이든 열심히 한다'(28.1%), '끊임없이 도전한다'(25.1%), '다양한 인맥을 쌓는다'(16.4%), '책을 많이 읽는다'(16.4%), '재테크 등으로 돈을 모은다'(16.2%) 등을 들었다.

한편 대한민국에서 성공할 확률이 높은 직업으로는 '고위 공직자'(30.4%)를 1순위로 꼽았고, '기업인'이 16.1%로 뒤를 이었다. 이외에도 '정치인'(11.3%), '공무원'(8.7%), '연예인'(7%), '교사, 교수'(4.3%), '의료인'(4.1%), '법조인'(3.8%) 등의 응답이 있었으며, '회사원'은 2.2%가 선택했다.

〈신항섭 기자, 아시아뉴스통신, 2015.11.5.〉

영화서나 현실서나 돈 좋아하는 여자들 … 이유가 뭘까!?

"매일 10만 유로(1억 2,000만 원)를 줄 테니 나랑 살아줘요." 27일 개봉하는 〈사랑도 흥정이 되나요?〉에서 미모의 여인 다니엘라(모니카 벨루치)는 '돈'을 위해 낯선 남자와 동거를 한다. 28일 개봉하는 '돈 많은 친구들'에선 각기 다른 처지에 놓인 40대 여성들이 서로 흉보고 비교하기를 일삼다가 "그래도 난 돈이 많지." 하며 스스로를 위로한다.

소 뒷걸음질 치다 왕자를 만나는 신데렐라(〈귀여운 여인〉, 1990)나 돈의 유혹을 물리치고 결국 가난한 사랑을 택하는 평강공주(〈쇼핑걸〉, 2004)는 이제 '내숭'으로 오인되기 십상이다. 요즘 영화나 드라마 속 여성들, 돈 앞에 스스럼없이 약해지고, 돈 얻기 위해 과감히 달려든다. 여성들이 이렇게 솔직하게 '돈을 좋아라.' 하는 이유는 뭘까. 전문가들은 "원래 좋아했다"고 입을 모은다. 단지 "표현하지 않았을 뿐"이라는 얘기다. 남성이 부와 권력을 추구하면 '패기'와 '야망'으로, 여성이 돈에 집착하면 '치맛바람'으로 여겨왔던 사회 분위기는 돈에 대한 여성의 관심을 억눌러 왔다. 곽금주 서울대 심리학과 교수는 "여성의 자율성이 높아지면서 무의식에 들어가 있던 욕구가 의식의 표면으로 떠오르고 있다"고 설명했다. 돈이 더 이상 '저급한 필요악'이 아니라 '행복의 필수조건'이자 '자유의 상징'이 돼버린 인식 변화도 한몫했다.

▲ 영화 〈귀여운 여인〉 포스터

그렇다면, 남자보다 여자가 더 돈을 좋아할까. 여기선 의견이 갈린다. 박현수 영남대 문화인류학과 교수는 "동서고금, 남녀노소를 막론하고 '물질(돈)'을 싫어한 사람은 없다"고 했다. 조옥라 서강대 사회학과 교수는 "돈은 '권력 창출수단'으로서 오히려 남성이 더 집착하는 가치"라고 말했다.

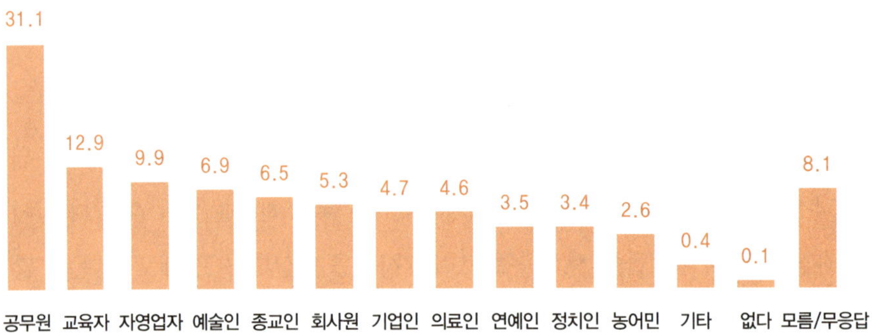

가장 행복할 것 같은 직업(단위:%)

그러나 사회경제적으로 약자이면서 권력 획득의 기회가 적은 여성이 스스로를 보호하기 위해 '돈'에 더 욕심낸다는 의견도 있다. 돈을 소비하는 방식도 남녀가 다르다. 남성은 돈을 '힘의 과시용'으로 사용하지만, 여성은 '자기만족용'으로 사용한다. 조옥라 교수는 "남자는 지배하기 위해 돈을 쓰지만, 여성은 관계를 맺기 위해 사용한다"고 했다.

〈류정 기자, 조선일보, 2006.7.26.〉

부자는 현재진행형이다

〈포브스〉라는 잡지에서는 세계 각국의 학자들에게 "우리는 왜 불행한가?"라는 질문을 했다. 자기 나름대로의 관심과 배경이 모두 달랐지만 한 가지 공통된 의견의 일치가 있었다. 바로 "우리가 살고 있는 문명사회는 도덕적 · 영적 구심점들의 상실로 인해 미래가 불투명하다는 것"이다.

불투명한 미래에도 불구하고 우리나라에서도 존경 받는 기업인들은 보통사람들과는 다른 생활습관을 가지고 있다. 살아생전 정주영 회장은 하루도 빠짐없이 새벽 5시에 일어나 회사까지 걸어서 출근하곤 했다. 해외출장 갈 때에도 신발 한 켤레와 옷 한 벌을 입었고, 메모지는 이면지를 사용할 정도로 검소했다. 즉, 돈 버는 일보다는 일 자체를 즐긴 것이다. 이건희 회장은 며칠씩 잠도 자지 않고 일을 몰아서 하는 습관이 있다고 한다. 신 경영 선언 당시에 자신이 강조했던 '변화의 어려움'을 몸소 체험하기 위해 '1년 동안 하루에 밥 한 끼씩만 먹기', '6개월 동안 왼손으로만 살기' 등의 '기행'도 실천했다.

부자되기도 힘들지만 부자로 계속 남는 것은 더욱더 힘들다. 미국 부자 중에서 20~30%는 10년 후 재산을 모두 잃고 끼니를 걱정하는 지경에 이르렀고, 100년이 지난 후에는 90% 이상이 과거의 부자에서 가난한 가정으로 바뀌었다는 것이다. (조선일보 2005.3.4일자)

우리 속담에 "부자 3대 못 간다."라는 말과 서양 속담에 "아버지가 돈을 벌면 아들은 명예를 바라고 손자는 예술을 즐긴다"라는 말이 있다. 동서고금을 막론하고 버는 사람과 쓰는 사람은 따로 있고, 오늘도 내일도 계속 부를 지키는 것은 당장 부자가 되기보다 어렵다. 미국의 철강왕 카네기는 백만장자가 된 후에도 왜 싸구려 여관에서 묵는지 이유를 물어보자, 카네기는 "아들이야 부자 아버지가 있지만 나는 그렇지 못하니 절약할 수밖에 없지"라고 답했다.

서울여대 한동철 교수는 우리나라의 부자 수백 명을 인터뷰해서 우리나라 부자의 특징을 밝혔는데, '일에 미친다', '사람을 잘 믿지 않는다', '성공확률이 낮은 일에 도전한다', '인적 네트워크가 넓다', '돈 세는 것이 취미다', 'TV를 보지 않는다'라는 것이다.

부자가 된 방법으로서는 60%가 사업으로 성공했고, 30%는 근검절약으로 돈을 모았다고 한다. 상속(2%), 결혼(1%), 행운(1%)으로 부자가 된 사람은 매우 적어 우리가 알고 있는 상식과는 전혀 다르다. 결국 부자 가계가 되는 비결은 '자기 사업을 하고, 자손들에게 돈을 제대로 관리하는 습관을 가르치는 것'이다.

F1(포뮬러원) 자동차 경주의 황제 미하엘 슈마허는 그동안 F1을 7차례나 제패했다. 그는 어느 한 해 8,937만 달러를 벌어들였고 동남아시아 쓰나미(지진해일) 피해 구호에 1,000만 달러나 기부하는 진정한 부자의 모습을 보였다. 하지만 딸과 아들에게는 1주일에 단 2유로(약 2,600원)씩의 용돈을 준다고 한다. 아이들이 8세와 6세로 아직 어리기는 하지만, 그의 재산을 감안하면 대단히 적은 액수다. 그는 독일 시사주간지 슈테른과의 인터뷰에서 이렇게 말했다.

"아이들은 부자가 그냥 되는 것이 아니라는 것을 배워야 한다."

지난 1997년 외환위기 가운데 구조조정에서 살아난 지점장 친구는 "구조조정 후에 몇 년 동안 계속해서 월급을 올리는 것을 보면서 과연 이래도 은행이 괜찮을까 하는 걱정도 했다"고 한다. 외환위기 이전에야 밥벌이를 제대로 못하는 직원들까지 철밥통 신세였다면 지금은 그렇지 않다. 주 5일제와 깨끗한 환경에서 일하는 직장인이 늘 염두에 두어야 할 것은 '직장을 그만두는 순간 하류층으로 추락하기 쉽다'는 사실이다. 오랜 직장생활은 퇴직금 몇 푼의 문제가 아니라 자기 스스로 개척하고자 하는 정신이 부족해서 자기 사업을 할 때 실패할 확률이 크다는 것이다. 일단 높아진 소비 수준을 일시에 낮추기도 어렵다. 따라서 봉급을 성과에 관계없이 당연히 받던 습관에 물든 것은 아닌지 늘 경계해야 한다.

우리가 다양성의 시대에 살고 있다지만 실상은 돈의 노예가 된 사람들이 많다. 젊은 사람들의 결혼 1순위는 해외 원정 선수라는데, 이유는 단 한 가지로 돈을 많이 벌기 때문이다. 그러나 곰곰이 생각해보라. 운동선수의 경우 몸이 곧 재산이면서 수명이 짧은 과도한 리스크에 노출되어 있기 마련이다.

몇 번씩 들어도 필(Feel)이 왔던 조용필의 히트곡을 지금 들어보면 너무 느리거나 답답한 느낌이 든다. 우린 빠른 속도에 익숙해진 것이다. 세상 기준은 수시로 바뀐다. 지금 돈 좀 벌었다고 높은 자리에 올랐다고 우쭐댈 이유는 전혀 없다. 이런 사람들을 부러워하고 자신을 질책하는 것도 부질없는 일이다.

대부분 소박한 사람들의 꿈은 그리 거창하지 않다. 이들이 부자가 되려는 목적은 사랑하는 사람들과 관계를 유지하면서 돈 때문에 큰 걱정하지 않고, 건강하게 노후에도 계속 베풀 수 있기 위해서이다.

〈김진혁, 한국재경신문, 2007.12.18.〉

돈, 외모 등이 행복의 조건이 아닌 이유

자율성이 중요

행복의 조건에는 어떤 것이 있을까. 돈, 외모, 좋은 평판… 하지만 이런 일반적인 것들은 행복을 보증해주지 못한다는 연구결과가 있다.

미국 로체스터대학교 연구팀은 졸업생 147명을 대상으로 생활만족도, 자존감, 불안 정도, 신체의 스트레스 정도, 긍정적이거나 부정적인 감정 경험 등에 대해 묻는 심층 심리조사를 실시했다. 연구팀은 또 참가자들이 삶에서 '내재적인 목표'와 '외재적인 목표' 중 어디에 주안점을 두는지 대답하게 했다.

내재적인 것은 '깊고 지속적인 관계를 갖는 것', '다른 사람의 삶을 도와주는 것' 등이었고 외재적인 것은 '부자가 되는 것', '멋진 외모를 갖는 것' 등이었다. 연구결과 돈, 외모, 평판 등 모든 것을 다 가져서 행복해 보이는 사람은 오히려 수치감, 분노나 두통, 복통 등 스트레스로 인한 신체장애를 더 많이 경험했다.

이와는 대조적으로 친밀한 인간관계, 지역공동사회 참여 활동을 중시하는 개인은 스스로에게 더 긍정적인 감정을 갖고 있었고 인간관계도 더 좋은 것으로 나타났다. 연구팀의 에드워드 데시 박사는 "현대사회는 부와 명예를 추구하고 이를 성취하는 것에 주안점을 두고 있지만 이것이 행복과 직결되는 것은 아니라"고 말했다.

연구팀은 "이 연구는 사람은 가장 기본적인 심리 욕구인 자율성을 충족시켜야 진정한 행복을 느낄 수 있다는 자기결정성 이론에 힘을 실어준다"며 "내재적인 목표를 성취하는 것은 사람의 기본적인 욕구를 충족시켜 주기 때문에 사람들을 더 행복하게 만든다"고 밝혔다.

〈권순일 기자, 코메디닷컴, 2015.12.29.〉

스티브 잡스, 그는 세상을 변화시켰다

스티브 잡스(1955년 2월 24일~2011년 10월 5일), 한 시대의 전설이 막을 내렸다. 그는 개인용 컴퓨터의 시대를 열고, 사용자 지향의 그래픽 운영체계를 도입하고, 음악시장에 아이튠즈라는 새로운 유통방식을 만들어냈으며, 아이폰으로 통신시장에 혁신을 일으킨 인물로 평가받는다. 그가 1976년 몇 명의 지인과 함께 차고에서 시작했던 작은 회사 애플은 경쟁자였던 마이크로소프트와 IBM을 제치고 올해 한때 시가총액 최고의 회사가 되었다.

그의 병이 깊어 최고경영자를 팀 쿡에게 물려주고 와병중이라는 소식이 전해졌어도 사람들은 지난 5일 아이폰 신제품 발표회에 그가 나타나 특유의 유머로 깜짝 소식을 전해주길 바랐다. 발표회 맨 앞줄에 예약석이라는 표시가 붙은 빈 의자 하나가 놓여 있었지만 그 주인공은 결국 나타나지 못했다. 발표회 동안 트위터에 그의 사망설이 올라오고 있었다. 스티브 잡스는 결국 세상을 떠났다.

그는 알려진 대로 수많은 성공의 신화를 썼다. 애플II, 매킨토시, 아이폰, 아이패드 등의 하드웨어뿐 아니라 사용자 중심으로 혁신한 소프트웨어도 놀랍다. 영광에 찬 그의 행적에 늘 성공만이 있었던 것은 아니었다. 애플II의 성공 이후 자신의 딸 이름을 딴 컴퓨터 리자를 개발했으나 처참히 실패했고, 자신이 세운 회사에서 쫓겨나는 아픔을 겪어야 했다. 1984년 그래픽 인터페이스를 성공시킨 매킨토시 발표로 개인용 컴퓨터 역사에 획기적인 자취를 남기게 되나 판매는 예상보다 부진했다. 매킨토시 컴퓨터의 캐치플레이즈가 '다르게 생각하라'(Think Different)였던 점을 고려하면 지금은 당연한 것이 되어버린 그래픽 인터페이스는 세상에 낯설게 비쳐졌다. 경영진은 실패의 원인을 매킨토시의 장난감 같은 외모와 운영체계에서 찾았다.

▲ 스티브 잡스

1985년 애플컴퓨터의 최고경영자였던 존 스컬리는 그에게 해고를 통보했다. 겉으로 드러난 이유는 매킨토시 컴퓨터의 판매부진이지만, 거대해진 애플컴퓨터의 조직은 더 이상 그의 몽상적인 경영방침을 따를 수 없게 된 것이다. 그보다 두 해 전 스티브 잡스는 펩시를 이끌던 존 스컬리에게 "남은 생을 설탕물만 팔다가 말 것인가?"라는 유명한 제안과 함께 파격적인 조건으로 스카우트했었다. 스티브 잡스는 자신의 손으로 뽑은 노련한 스컬리와 경영권을 다투다 쫓겨나게 됐다.

이후 스티브 잡스는 새로운 컴퓨터 회사를 만들었다. 다음 세대의 컴퓨터를 만든다는 이념에 걸맞게 넥스트(Next)라는 회사를 세웠다. 애플컴퓨터에서 추방된 이유가 시장에 충격을 준 혁신적인 디자인과 운영체계였는데도 거기서 한 발 더 나갔다. 넥스트와 그 운영체계인 넥스트스텝은 처음부터 아예 일반소비자를 외면하고 전문가를 타깃으로 삼았다.

지금은 그의 트레이드마크가 된 군더더기 없는 검은 터틀넥 셔츠와 청바지 차림새처럼 넥스트는 아무 장식 없이 까만 정육면체의 충격적인 모양과 화면 포스트스크립트 출력 등 시도된 적이 없던 새로운 방식을 보여주었다. 하지만 그뿐.

너무나 비싸고 전문적인 컴퓨터였다. 이 플랫폼을 이용해서 지금의 인터넷 방식인 웹과 블라우저가 개발된 것은 얼마나 전위적인 기계였는지를 증명하지만 그 위치가 애매했다. 대학 연구소에 얼마간 팔린 것을 제외하고 넥스트는 마니아들의 선망에 불과했다.

이 시절 스티브 잡스의 성공은 컴퓨터 분야가 아닌 전혀 엉뚱한 곳에서 이루어졌다. 바로 조지 루카스가 세웠던 컴퓨터 애니메이션 회사 픽사를 인수한 것이다. 스타워즈의 특수효과를 위해 만들어진 이 회사는 진로를 찾지 못해 정체상태에 빠져 있었다. 그때 마침 스티브 잡스의 눈에 띄었고 결국 황금알을 낳는 거위로 다시 태어났다. 당시까지 애니메이션은 사람의 손으로 한 컷 한 컷 그려 찍는 그야말로 노동집약적인 산업이었다. 그러던 것을 픽사의 컴퓨터 작화방식이 세상을 바꾸었다. 비용과 시간을 획기적으로 줄인 작품을 쏟아냈다. 토이 스토리, 개미, 니모 이야기 등 빅 히트를 친 애니메이션 영화가 바로 픽사의 작품이다.

어쩌면 스티브 잡스의 픽사 인수는 운명적이다. 그가 필사적으로 넥스트를 팔려고 뛰어다닐 때, 디즈니 사의 경영진 앞에서 넥스트를 활용한 컴퓨터 애니메이션으로 혁명적인 변화가 올 것임을 주장하며 시연회를 열었다. 컬러 화면에서 춤추는 애니메이션을 보고 디즈니의 2인자였던 제프리 카첸버그는 "애니메이션은 '나의 것'이다. 누구라도 그것을 빼앗아 간다면 총으로 쏴버리겠다"고 소리쳤다. 결국 디즈니와의 상담은 그것으로 끝났다.

결과적으로 스티브 잡스와 픽사는 애니메이션의 역사를 다시 썼다. 그는 몇 해 뒤 디즈니의 최대 개인주주와 이사가 되었다. 변화에 대한 거부와 오판으로 인해 디즈니는 스티브 잡스에게 자리를 내줬을 뿐 아니라, 역사를 새로 쓸 기회마저 잃어버렸다.

실패와 우여곡절을 겪은 이 시기를 스티브 잡스는 "내 인생에서 가장 값진 시간이었다. 일로부터 떨어져 삶의 전체를 다시 볼 수 있었다"고 표현했다. 그가 떠난 애플 사는 기대와는 달리 침체의 늪에 빠져들고 말았다. 신제품은 혁신이 사라져 딱딱한 사무용품을 닮아가고 있었고, 판매량은 곤두박질치고 말았다.

1996년 애플은 궁여지책으로 넥스트사를 사들이는 형식으로 스티브 잡스를 영입한다. 다음 해 그는 연봉 1달러의 임시 최고경영자가 되어 다시 애플을 이끌게 된다. 넥스트스텝은 애플의 새로운 운영체계를 만드는 기반이 됐다.

▲ 애플 사 앞 스티브 잡스를 추모하는 모습

췌장암과 간이식수술을 거치면서 그는 올해 자신의 운명이 다했음을 예감했던 것 같다. "아이들에게 내가 누구인지, 무엇을 했는지를 알려주기 위해" 미루었던 자서전을 쓰고, 마지막 작품이 된 애플 본사 사옥 신축을 결정했고, 자신의 자리를 팀 쿡에게 물려주었다.

그의 삶이 거쳐간 빛과 그늘 사이에 다양한 평가가 가능할 것이다. 그중 버락 오바마 미국 대통령의 "그는 우리 삶과 우리가 세상을 바라보는 방식을 변화시켰으며, 산업의 형태를 재정립했다"는 한마디는 눈여겨볼 만하다. 그는 떠났지만 그가 남긴 비전은 당분간 사라지지 않을 것 같다.

〈김천, 주간경향 946호, 2011.10.18.〉

토스트 할머니

15년간 대학교 정문 앞 골목에서 토스트를 구워 팔던 할머니가 세상을 떠났다. 그러자 할머니를 기억하는 학생들과 동문들이 눈시울을 붉혔다. 할머니는 작은 골목, 작은 리어카에서 토스트를 구워 팔았지만 학생들에게 진정한 할머니 모습을 보였던 것 같다. 토스트를 팔던 자리에는 꽃이 놓이고, 인터넷 커뮤니티에는 추모의 글이 넘쳐나고 있다. 생전에는 교문 밖 작은 공간을 차지하고 있었지만, 이제는 학생들 마음을 차지했으니 할머니는 봄꽃처럼 환히 웃고 계실 것이다.

할머니가 만든 토스트는 늘 두툼했고, 미소는 온화했고, 잔소리는 정겨웠다. 할머니는 토스트를 팔아 뇌종양을 앓고 있는 딸과 백혈병에 걸린 손녀를 돌보았다. 그러면서도 학생들의 푸념을 꼬박꼬박 받아주었다. 이런 어려운 생활 속에서도 할머니는 생전에 시신기증 약속을 했다고 한다. 아무것도 남기지 않아 더 큰 것을 남기신 토스트 할머니. 아무도 몰랐던, 아무도 부르지 않았던 할머니 이름은 조화순이다.

돌아보면 '할머니들의 마지막 모습'이 곧잘 우리를 감동시켰다. 평생 안 쓰고 안 입고 안 먹으면서 악착같이 번 돈을 사회에 내놓고 수줍게 웃던 할머니들. 김밥을, 생선을, 떡볶이를, 풀빵을 팔아 모은 목숨과도 같은 돈을 장학금으로 내놓고 세상을 떠나는 할머니들. 그렇게 모진 고생을 하고도 '세상은 아름다운 곳'이라며 빙긋이 웃던 할머니들. '나는 험히 살았지만 너희는 행복하라'고 손 한 번 흔들고 떠나가던 할머니들.

그런 할머니들의 모습은 정녕 아름답다. 하지만 할머니들이 아낌없이 주고 싶은 밝고 건강한 젊은이들이 있어 우리는 행복하다. 골목 한 귀퉁이에서 토스트를 구워 주던 할머니를 기억하고 영전에 눈물 하나 보태는 학생들, 그래서 토스트 할머니의 인자한 웃음은 캠퍼스의 꽃으로 피어날 것이다. 아니 지금 캠퍼스에서 학생들의 티 없는 웃음으로 피어났을 것이다. 미국에서 일어난 최악의 교내 총격사건과 그 범인이 한국인이라는 '피 묻은 소식'이 전해진 날, 우리는 '토스트 할머니' 이야기로 그 피를 닦아낼 수 있었다. 우리는 총을 난사한 젊은이의 분노의 실체가 무엇인지 모른다. 하지만 이것만은 안다. 이 땅에서는 할머니들의 눈웃음이, 젊은이들의 함박웃음이 아침마다 무더기로 피어날 것이라는 사실 말이다. 삼가 토스트 할머니의 명복을 빈다.

〈김택근, 경향신문, 2007.4.18.〉

생각의 틀을 바꿔야 행복해진다

부산의 한 복합쇼핑몰이 개장하는 날, 붉은색 속옷을 사기 위해 몰려든 사람들 때문에 속옷 매장 전체가 아수라장이 됐다는 기사를 읽는다. 붉은색 속옷만 해도 5천여만 원어치가 삽시간에 팔려나갔고, 그 외의 여성 속옷도 브랜드별로 1억 원씩 매출을 올렸다니, 놀랍다. 속옷을 사러 몰려든 사람들의 사진 속엔 남자들, 젊은이들도 많다. 이유는 '개업 점포에서 속옷을 사 옷장에 걸어두기만 해도 온 가족에게 행운이 온다'는 속설 때문이라는 것이다.

요즘은 부적을 몸에 지니고 다니는 사람이 부쩍 늘었다고 한다. 부적뿐만이 아니라 역술업계 전체가 호황이라는 말도 들린다. 역술가들도 시시각각 늘어나고, 굿당에선 또 장구소리가 끊일 새 없다. '바다이야기'는 아직도 남몰래 성업 중이라 하고, 불황인데도 카지노 같은 데는 매상이 별로 줄지 않는다.

사는 일이 팍팍할수록 요행수에 대한 기대심리가 늘어나는 것은 인지상정이다. 부적으로 좋은 일만 불러올 수 있다 하면 누가 부적을 지니지 않을 것이며, 사서 걸어놓기만 해도 가족들이 다 행복해진다는데 누군들 그 '속옷'을 사고 싶지 않겠는가.

문제는 이 모든 사회적 현상들 배후에 오직 경제 불황만이 도사리고 있다고 맹신하는 단순무식하고 순진한 단견이다. 보통사람들이야 그렇게 생각한다 할지라도, 정치지도자 그룹이나 지식인 그룹, 나아가 성직자들조차 경제만 좋아지면 삶이 충만해지고 사회계급적인 갈등과 분열까지 다 봉합될 거라고 믿는다면, 아니 믿지 않더라도 어떤 숨겨진 이득을 노리고 그렇게 믿는 듯 외치고 다닌다면, 정말 큰일이 아닐 수 없다.

과연 그런가. 경제만 좋아지면 모든 비정상적 사회현상들이 극복되는가. 경제만 좋아지면 적과 아군이 한통속 되고 가족과 이웃이 모두 상처 없이 희희낙락 행복해지는가. 그러므로 경제 불황의 극복을 위해선 다른 모든 것을 버리고 희생한다고 해도 다 정당한가.

큰 것(大)을 위해서 작은 것(小)을 무조건 희생해도 좋다는 논리는 전근대적인 것이다. 아니 그 논리를 받아들인다고 해도 '큰 것'이 반드시 '경제'라고 한다면 이는 폭력적 논리라 하지 않을 수 없다. 경제는 행복의 절대적 필요충분조건이 아니라 상대적 필요조건이기 때문이다. 그런데도 경제만을 제일의 가치로 여기고 오로지 그것만을 우러러보라고 부추기면서 모든 사람들을 그것의 노예로 만들어온 지도그룹의 대중선동 전략은 이제 정말 지긋지긋하다. 우리가 열심히 일해 돈을 버는 것은 최종적으로 행복해지기 위해서지 자본의 신을 제단 위에 모셔놓고 그 밑에 꿇어앉아 머리를 조아리기 위해서가 아니다.

'행복은 자족 속에 있다'는 아리스토텔레스의 말은 행복이 자기 정체성을 찾는 데서 비롯된다는 점을 알리고 있고, '남을 행복하게 하는 자만이 행복을 얻는다'는 플라톤의 말은 행복이 나눔과 헌신과 사랑에서 시작된다는 걸 암시하고 있으며, '행복은 번뇌의 소멸에 있다'는 법구경(法句經)의 한마디는 행복이 정신적인 안락에서 온다는 것을 강력히 시사하고 있다.

우리는 행복한 삶을 살고 싶다. 경제는 그 길로 가기 위한 하나의 방편일 뿐이다. 그런데도 경제가 아니면 행복해지는 길이 전혀 없는 것처럼 선동하여 모든 이를 자본의 노예로 만드는 것은 최종적으로 우리를 지배하는 데 자본을 통하는 것이 편리하고 또 저항이 없기 때문일 것이다. 지금의 위기는 경제만의 위기가 아니다. 이미 경제위기가 곧 삶의 총체적 위기라고 생각하도록 오랫동안 길들여져온 우리는, 이 경제 불황을 일시적으로 극복한다 해도 확대 재생산되는 욕망을 계속 따라가야 하기 때문에, 여전히 쉴 틈이 없을 것이고 여전히 위기라고 느낄 것이다. 생각의 틀을 바꿔야 행복해질 수 있다. 우리의 삶이 팍팍한 것은 경제 때문만이 아니다.

〈박범신, 한겨레, 2009.3.20.〉

행복의 구체성과 선택

한 선배가 곧 칠레로 떠난다. 칠레의 빈부격차를 공부하기 위해서란다. 12년 동안의 〈한겨레〉 기자 생활을 그만두고 가족 모두 간다. 며칠 전 그를 만났다. "왜 그런 선택을 했냐?"고 물었다. 그는 "더 행복하고, 더 재밌게 살기 위해서"라고 답했다. 국제부 생활을 오래 한 그는 더 늦기 전에 칠레를 가고 싶다 했다.

멀대같이 키가 큰 그는 옥탑방에 살면서 스페인 음악을 즐겨 들었다. 가진 것도 별로 없고 나이에 비해 천진난만하기만 한 그를 보며 주변 사람들은 걱정했다. 또 한 명의 노총각이 탄생하지 않을까 하는 우려였다. 그런 그에게 나는 내 친구를 소개해줬고, 7년 전 그들은 '주례 없는' 결혼식을 올렸다.

선배는 결혼식에서 무릎을 꿇고 갈라진 목소리로 〈아름다운 구속〉을 불렀다. 선배 조카들은 그들을 위해 랩도 하고 트로트 〈어머나〉를 불렀다. 결혼식장은 축제 분위기 그 자체였다. 하객들은 배를 움켜쥐며 웃었다. "재밌다", "얼쑤~" 감탄사가 쏟아졌다. 지루하고 식상하지 않았다. 결혼식이 끝난 뒤 "결혼식을 어떻게 그렇게 했냐?"고 물으니 그때도 그는 "재밌고 행복한 결혼식을 고민하다 아내와 상의해 기획했다"고 답했다.

재건축 아파트만을 돌아다니며 살지만 부부는 여전히 행복하다. 5년 뒤 한국에 돌아왔을 때 직장, 집, 아이 학교 등 걱정되는 것이 많지만, 부부는 용기를 내 한국을 떠나기로 했다. 더 행복하고 더 재밌게 살기 위해서다.

문화심리학자 김정운 교수는 그의 저서 『나는 아내와의 결혼을 후회한다』에서 행복은 구체적이어야 한다고 말한다. 김 교수는 '하얀 침대시트'를 깔고 침실 조명을 아늑하고 부드러운 '백열등'으로 바꾸니 행복해졌다고 말한다. 그는 이 답을 찾기 위해 많은 시간을 고민했다 했다. 그리고 그 행복을 얻기 위해 월급 전부를 포기하고, 아내로부터 하얀 침대시트를 얻어냈다.

주변을 둘러보면 행복한 사람들은 항상 스스로에게 '어떻게 하면 더 행복할 수 있을까'를 묻는다. 그 물음을 통해 구체적인 답을 얻고 실천한다. '어떻게 하면 돈을 더 많이 벌까', '어떻게 하면 더 높은 자리에 오를까'에 집착하지 않는다. 행복을 얻기 위해 기존의 것을 버리고 용기있게 선택한다.

새해를 맞아 자신의 행복에 대해 좀 더 구체적으로 생각해보는 것은 어떨까. 내가 행복한 때가 언제인지, 더 행복해지고 더 재밌는 삶을 위해 올 한해 무엇을 할지 적어보는 거다.

행복을 좀 더 구체화하다 보면 내가 할 수 있는 것과 나 혼자서는 할 수 없는 것이 있다는 걸 깨닫게 된다. 사회가, 국가 정책이 바뀌어야만 가능한 것이 있다. 다른 사람과 함께해야 가능한 것도 있다. 거대한 시스템 안에 존재하는 개인이 자신의 행복을 위해 할 수 있는 것들은 제한돼 있다.

그러나 올해 우리는 행복할 수 있는 많은 선택지를 가졌다. 일상생활에서 내가 스스로 할 수 있는 일뿐만 아니라 한 나라의 방향성을 움켜쥔 국회의원과 대통령을 뽑을 수 있기 때문이다. 정책 입안자이고 정책을 집행하는 그들에게 우리는 어떻게 하면 우리가 행복한지 알려야 하고, 행복을 위한 정책을 요구해야 한다.

경제협력개발기구(OECD)가 발표한 '행복지수'를 보면 한국인들은 불행하다. 34개 회원국 중 26위다. 자살률은 10만 명당 21.5명으로 오이시디 평균(11.7명)의 두 배다. 또 한 연구에서는 우리나라 어린이의 주관적 행복지수가 오이시디 회원국 중 꼴찌였다. 잘사는 나라가 아닌, 더 행복한 나라를 꿈꾸는 지도자를 선택해야 한다. 지난 4년 우리는 충분히 불행했다.

〈양선아 기자, 한겨레, 2012.1.1.〉

행복의 열쇠는 富가 아니라 자유

현대인들에게 있어 행복은 과연 무엇일까. 영국 〈파이낸셜타임스(FT)〉는 행복의 열쇠는 '임금(income)'이 아니라 '자유(freedom)'라고 전했다.

'월드 밸류 서베이' 연구원으로 지난해 로널드 잉글하트, 크리스토퍼 피터슨, 크리스천 웰젤과 공동으로 '개발과 자유, 그리고 상승하는 행복감'이란 논문을 공동 집필한 로베르토 포아는 최근 FT 기고문에서 "현재 우리가 사는 세계가 예전에 비해 훨씬 더 행복한 이유는 선택의 '자유'가 있기 때문"이라고 밝혔다. 현대인들의 행복 수준이 25년 전과 비교할 때 상당히 높아졌는데 이는 선택의 자유가 커졌기 때문이란 주장이다. 즉 자신의 삶을 통제할 수 있는 선택의 자유가 있다는 기분이 각국의 행복감을 이끌어 올리는 견인차 구실을 했다는 것.

최근 브레멘 제이콥스 대학과 미시간 대학이 1981~2007년 중 90개국 35만 명에 대해 행복과 생활 전반에 대해 설문조사를 한 결과 10년 이상의 자료를 보유하고 있던 52개국 중 40개국에서 행복감이 늘어난 것으로 나타났다.

이처럼 행복감이 상승한 이유는 무엇일까. 포아는 그리스 철학자 투키디데스의 말을 인용해 '행복의 비결은 자유'라고 주장한다. 실제로 설문 대상자들에게 '선택의 자유가 늘어났느냐'는 질문을 한 결과, 3개국을 제외하고 모든 국가에서 '자유'가 늘어났고 이로 인해 행복감도 함께 늘어났다고 답했다.

포아는 현재 우리가 살고 있는 세계는 분명히 자유로운 곳으로 △ 거의 모든 나라가 민주주의를 도입했고 △ 소수민족과 여성의 인권이 널리 보호받고 있으며 △ 인력과 아이디어, 그리고 투자는 국경을 제한 없이 자유롭게 넘나들고 있다고 지적했다. 특히 지난 20년 동안 옛 소련에 속해 있던 일부 국가들은 유럽연합(EU)에 독립국가로서 가입할 수 있게 됐으며, 예전에는 상상도 할 수 없었던 해외여행을 하는 자유를 만끽할 수 있게 됐다고 그는

▲ 자유 선택은 행복감의 상승 요인

설명한다.

실제로 이 지역에 대한 설문조사에서 '매우 행복하다'는 응답이 세르비아와 벨로루시를 제외한 모든 국가에서 급상승했는데 그 원동력은 젊은 세대였다는 점이 주목할 만하다. 동유럽에 살고 있는 15~24세 젊은 층 가운데 매우 행복하다고 답한 응답자 비율은 1990년 당시 전체의 9%에 불과했기 때문이다. 하지만 2006년에 '매우 행복하다'고 답한 응답자는 1990년에 비해 두 배 이상 늘어났으며 30~40대의 행복감도 높아진 것으로 나타났다.

그러면 세계가 행복해지고 있다는 단서는 무엇일까. 포아는 우선 첫째는 정치적·사회적 자유가 지난 25년간 급속히 확산됐다는 점을 들었다. 우리가 살고 있는 개방된 세계는 근본적으로 예전에 비해 더 행복한 사회다. 이는 자유로운 글로벌 질서의 필요성을 역설했던 사람들에게는 당연한 것일 수도 있다. 하지만 이전 시대의 진실하지 않은 '명확함'을 그리워하는 사람들에게는 혼란을 가져다줄 수 있다고 그는 덧붙였다.

두 번째로는 공공정책을 통해 행복을 유도하려는 노력에 대한 경각심이 높아진 것을 들 수 있다. 물론 현재 행복감이 높은 국가들은 호주와 미국과 같은 자유방임주의형 국가뿐만 아니라 스웨덴과 덴마크 등 사회민주주의 국가도 포함돼 있다.

하지만 이들 국가의 공통점은 정책이 아니라 민주주의와 법치, 그리고 사회적 똘레랑스와 같은 기관(institution)이다. 사람들은 스스로 찾을 수 있는 도구가 주어졌을 때 알아서 행복을 찾을 능력을 갖췄기 때문이다.

마지막으로 자유 선택과 행복 상승이 연결돼 있다는 점은 행복의 기준이 임금이 아니라 개인적 자유와 능력임을 보여준다. 이는 노벨 경제학상을 탄 아마르티아 센 교수의 이론과 맞물리는 것이다.

〈조현정 기자, 매일경제, 2008.8.25.〉

학과 : 학번 : 이름 :

3 성공과 행복
소통 마당

01 고대 철학자인 플라톤은 행복하기 위한 조건을 다음과 같이 말하고 있습니다.

① 먹고 입고 살기에 조금은 부족한 듯한 재산
② 모든 사람들이 칭찬하기에는 약간 부족한 외모
③ 자신이 생각하는 것의 절반밖에 인정받지 못하는 명예
④ 남과 겨루어 한 사람은 이겨도 두 사람에게는 질 정도의 체력
⑤ 연설했을 때 듣는 사람의 절반 정도만 박수를 치는 말솜씨

1) 플라톤은 행복의 조건을 완벽함에서가 아니라 부족함에서 찾고 있는데, 여러분은 그 이유가 무엇이라고 생각하세요?

2) 그렇다면 여러분은 삶의 질을 높이는 물질적·정신적 조건은 무엇이라고 생각하세요?

02 읽기 마당의 기사 '부자는 현재진행형이다'를 읽고, 건강한 부자가 되려면 어떠한 자세와 노력이 필요한지 이야기해보세요.

03 읽기 마당의 기사 '스티브 잡스, 그는 세상을 변화시켰다'와 '토스트 할머니'에 나타나는 주인공들의 삶에 대해 생각해보고, 그들의 삶이 우리에게 어떻게 적용될 수 있을지 이야기해보세요.

주인공의 삶	내 삶에 적용할 수 있는 방법
• 스티브 잡스	
• 토스트 할머니	

04 '돈이 있으면 더 행복하다'라는 주장을 뒷받침할 근거를 읽기 마당의 다른 기사를 읽고 찾아서 정리해보세요.

주 장	근 거
돈이 있으면 더 행복하다	

05 읽기 마당의 글쓴이들이 주장하는 행복의 조건과 그들이 그렇게 생각하는 이유를 정리해보세요.

행복의 조건		이 유
1		
2		
3		
4		
5		

06 '행복의 열쇠는 부(富)가 아니라 자유'를 읽고, 행복에 대한 본인의 생각을 제시해 보세요.

행복이란

1) ______________________________

____

____

____

2) ______________________________

____

____

____

3) ______________________________

____

____

____

4) ______________________________

____

____

____

07 다음 사진이 주는 의미가 무엇인지 생각해보고, '성공한 삶'이란 어떤 과정이 동반되어야 할지 적어보세요.

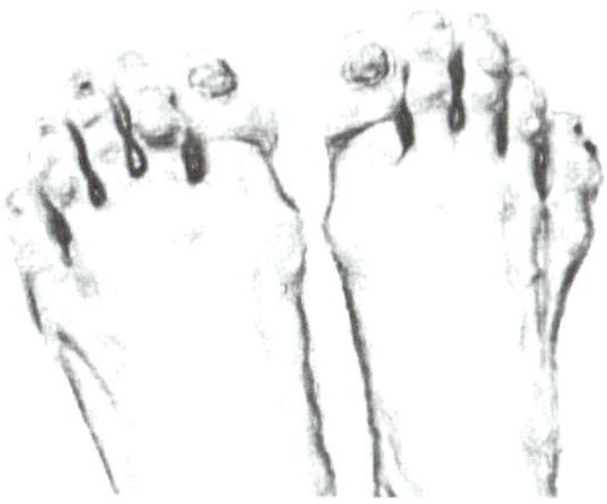

▲ 발레리나 강수진과 그녀의 발

08 물질적 성공과 행복의 관계에 대한 본인의 생각을 한 편의 글로 작성해보세요.

제목

서론

본론

결론

4과

과학문명과 우리의 미래

과학문명의 발달은 인간의 삶에 상반된 영향을 주고 있다. 삶의 편리함, 우주와 자연에 대한 정복, 신기술의 개발, 의료기술의 발전 등에 있어서는 긍정적이라고 할 수 있지만, 환경의 재앙, 문명의 차별적 혜택, 돌연변이의 출현, 수퍼 바이러스의 등장, 전쟁무기의 개발 등에 있어서는 부정적이라고 할 수 있다.

현대사회에 문제가 되고 있는 과학문명의 부정적 측면은 인류의 생존을 위협할 만큼 심각한 문제를 안고 있다. 과학의 긍정적 혜택을 믿는 사람들은 이러한 인류의 난제 역시 과학의 힘으로 극복될 수 있다고 믿는다. 과연 과학에 대한 맹신과 불신 사이에서 우리가 지녀야 할 태도는 무엇일까? 제시문에서 드러난 상반된 입장을 정리해보고 자신의 의견을 말해보자. 과학기술을 어떻게 활용하는가에 따라 우리의 미래는 달라질 수 있을 것이다.

세포 젊게 하는 방법 찾았다

나이를 먹으면서 노화되는 세포를 다시 젊음으로 되돌릴 수 있는 방법이 발견되었다고 영국의 〈뉴사이언티스트〉 인터넷 판이 10일 보도했다.

미국 예시바 대학 의과대학의 안나 마리아 쿠에르보 박사는 세포 안의 수명이 다되거나 손상된 단백질을 청소하는 시스템을 유전조작을 통해 활성화시킬 수 있다는 사실을 쥐실험을 통해 밝혀냈다고 뉴사이언티스트는 전했다.

세포를 구성하는 기본적인 화학물질은 단백질이다. 단백질은 어떤 것은 수명이 아주 짧고 어떤 것은 결함이 생길 수 있어 수명이 다하거나 손상된 것은 없애버리고 새로운 것으로 갈아주어야 한다. 세포에는 이런 작업을 하는 시스템이 있다. 그러나 이 시스템은 나이가 들면서 그 효율이 점점 떨어져 모든 조직이 노화에 이르게 된다.

쿠에르보 박사는 쓸모없게 된 단백질을 효소로 가득 채워진 리포솜이라는 곳으로 운반-처리하는 역할을 하는 수용체 단백질인 샤프론분자(Chaperone Molecule) 유전자 쌍을 유전조작을 통해 여분의 복사본(Extra Copy)을 하나 더 만들어주면 노화되는 단백질재처리 시스템을 젊었을 때의 수준으로 되돌릴 수 있다고 밝혔다.

쿠에르보 박사는 사람으로 치면 80대 나이에 해당하는 22~25개월 된 늙은 쥐들에 이 유전자를 조작해 복사본 하나를 더 만들어준 결과 다른 늙은 쥐들에 비해 간(肝) 기능이 훨씬 좋아진 것은 물론 젊은 쥐들의 수준까지 개선되었다고 말했다.

손상된 단백질을 청소하는 시스템은 신체의 어느 조직이나 마찬가지이기 때문에 뇌와 같은 다른 조직에서도 이 발견이 적용될 수 있을 것이며 따라서 비정상적인 단백질 응집으로 발생하는 노인성치매, 파킨슨병 같은 뇌질환의 치료방법을 개발하는 데 도움이 될 수 있을 것이라고 쿠에르보 박사는 말했다. 다만 살아 있는 사람의 세포 속에 유전자 복사본을 추가한다는 것은 안전성 문제 등으로 쉬운 일이 아니므로 리포솜에 들어 있는 특정 수용체 분자의 기능이 저하되지 않도록 안정시킬 수 있는 물질을 개발해 투여해도 비슷한 효과를 기대할 수 있을 것이라고 쿠에르보 박사는 덧붙였다.

이 연구결과는 영국의 의학전문지 〈네이처 메디신(Nature Medicine)〉 최신호에 발표되었다.

〈중앙일보, 2008.8.11.〉

부상하는 뇌과학, 2010년 먹거리된다

정보화 시대가 끝나면 2020년엔 의식기술 시대 도래

미래사회 뇌과학이 부상한다. 유엔미래포럼 제롬 글렌은 40년 전 미래사회예측 공식으로 농경 시대 7000년, 산업 시대 200년, 정보화 시대 500년, 그리고 2015년 혹은 2020년에는 뇌과학 혹은 의식기술(Conscious Technology) 시대가 온다고 예측하였다.

고령화 시대가 다가오면 치매나 각종 뇌질환자가 많아지면서 뇌의학이 발전하게 되고, 지식경제 시대가 되면 지식에 대한 갈망이 높아지고 엄청나게 많은 정보의 홍수 속에서 적절한 지식을 인터넷에서 찾아서 활용하게 되면서, 지식을 저장하는 인공해마 등의 기술이 발전하여 인간은 더욱더 많은 지식을 머리에 저장하기를 원하게 된다.

교육의 천지개벽이 오면서 교육은 교실 속에서 교사가 지식전달을 하는 것이 아니라 적시학습, 시뮬레이션 학습을 하게 되고 특히 두뇌발전에 대한 욕구가 높아지게 되고, 사고의 폭을 넓히거나 상상력이 뛰어나고 창의성이 높은 아이들을 요구하게 되어 두뇌공학 발전에 대한 욕구도 높아지게 된다. 즉 칩 등을 넣어서 수많은 지식이나 정보를 저장하기를 희망하게 된다.

▲ 뇌과학의 발달

제조업이 소멸하게 되고 기계화·자동화 센서 로봇 등이 대체되면서 로봇의 두뇌를 발전시켜 인간의 두뇌를 로봇에 집어넣기를 희망하는데, 이미 레이 커즈와일은 컴퓨터의 지능이 2010년에는 쥐의 두뇌, 2025년에는 인간의 두뇌를 능가하게 되며, 2050년에는 지구촌 인구 93억 명의 두뇌를 다 합친 것보다 컴퓨터 한 대의 지능이 더 높아지게 된다고 예측하였다.

나노공학이 2020년에 보편 상용화되면 나노와이어링(Nanowiring)을 통해 두뇌신경을 전부 나노로 연결시켜놓으면 뇌사가 불가능하게 되어 사망하지 않는 시기도 다가온다고 박사는 말하고 있다. 텔아비브의 기술예측연구소(ICTAF05)가 2005년에 발표한 것을 보면, 나노바이오융합이 완벽하여 인공장기 실험관재배 보편화, 바이오에너지 컨버전스 시스템이 나오며 개개인이 실리콘칩이 아닌 단백질 칩을 신체에 넣고 다니고, 인공피부 재생이 가능하여 부상부위 자동치유 능력을 갖춘 인공 시스템이 판매되며, 전자 소재에 나노기술 보편화, 지구촌 에너지의 8%가 재생에너지로 대체된다고 주장하였다.

중국인 브라이언 왕의 미래예측 왕연구소가 2006년에 예측한 2020년 기술로는 뇌공학이 발달하여 고급해상도 영상물 수정체에 반사 잠시 동안 현실과 가상 구분불가능, 인공장기 보편화, 인간과 동물 하이브리드 보편화, 부자들의 유전인자변형으로 육체적·정신적 두뇌 성능 고급화가 가능하며, 웨어러블 전 세계 언어 통역기로 언어장벽 소멸이 다가온다고 하였다.

영국텔레콤(BT)의 '기술예측 2005년'에는 2020년에 보편 상용화되는 기술로, 인공지능 인간이 석사학위 수여, 기계 인터넷 지식이 인간 두뇌보다 똑똑하여 인간 지능을 능가하며, 전자생명체가 인권을 획득하고, 인공 곤충 소형 동물이 인공지능을 갖추고, 인공지능 국회의원이 존재하며, 인공센서 피부미용 성형수술에 사용하고, DNA를 1달러에 읽을 수 있게 된다.

또, 인공두뇌를 단 인조인간이 지구촌 인구 10% 차지하고, 남의 생각을 읽을 수 있는 두뇌를 갖추게 되며, 전쟁은 로봇이 대체하고, 인체 내에 칩으로 주민등록증을 몸속에 넣고 다니며, 뇌공학을 이용한 범죄자 감정조절 칩 사용 보편화, 칩 등으로 관리가능 시스템 개발로 범죄자 행동장애자가 감옥 아닌 열린 감옥, 즉 풀어놓고 감찰이 가능하며, 꿈을 파는 기술, 즉 두뇌공학으로 엔돌핀이 나오게 하는 건강제품 개발이 완료된다고 보았다.

빌 할랄 조지워싱턴대 교수의 테크케스트는 매주 업데이트되는데 2009년 12월 24일 현재, 두뇌나 몸에 들어가는 스마트 센서는 2015년에 370조 원 시장, 인텔리전트 인터페이스 시장은 2016년에 516조 원, 인텔리전트 웹 시장은 636조 원 미국시장, 가상현실교육 시장은 2017년에 564조 원, 가상현실은 2018년에 492조 원, 양자컴퓨팅은 2023년에 516조 원, 바이오컴퓨팅 2024년에 492조 원 미국시장이 뜬다고 예측한다.

뇌공학(Neurotechnology)이 시작된 지 반세기가 되었지만 뇌공학의 본격적인 연구는 20년 정도가 되었다. 뇌 영상 촬영, 뇌활동을 직접 실험하는 등 두뇌의 활동을 모니터 가능해지면서 뇌공학이 발전하였다. 두뇌 스캔, 조제 의약품에 이르기까지 뇌공학은 직접 또는 간접적으로 뇌가 미치는 영향으로 우울증, 불면증 등 정신적인 영향, 그 외에 바이러스치료용 약물, 암, 뇌졸중, 재활에 뇌연구가 포함되며, 신경증 환자들을 치료하는 연구들도 진행 중이다.

뇌 역할로 두뇌의 잠재력, 일상생활의 거의 모든 면에서 두뇌가 미치는 영향을 연구하여 심도 있는 현대사회에서 두뇌운동 증가, 활용, 제어 등 뇌가 하는 역할이 무궁무진함을 알게 되었다. 특히 미래사회의 다양한 똑똑한 개개인들의 다양한 관심으로 갖가지 가치관이 달라지는데 뇌를 연구하면 미래사회의 인간의 생활, 인격변화에 영향을 미친다.

저출산 고령화로 한사람 한사람이 더 중요해지면서 인간능력 강화 욕구가 생긴다. 고령화로 인한 노인들의 침체되는 뇌활동을 활성화시키는 노력이 앞으로 급격히 증가한다. 정보화 시대에 뇌 기능을 개선하기 위한 다양한 방법이 개발되고 있고 수요가 많아지면서 뇌공학이 급속히 부상하고 있다.

수많은 제약 회사가 뇌 기능을 향상시킬 수 있는 약제와 물질을 만들고 있다. 상처받은 정신세계를 정상 모드로 복원하고, 정신병이나 큰 충격을 받은 환자들에게 재활, 유용한 여러 가지 새로운 기능을 갖춰주는 약품을 개발하고 있다.

마약중독이나 담배 등에 중독된 환자들의 치료, 두뇌 기능 향상, 간질치료, 퇴행성 질환을 앓고 있는 환자(파킨슨병, 헌팅턴, 루게릭병)의 치료, 환청이나 유령을 본다는 환각, 환시 등을 치료하는 기술도 개발되고 있다. 두뇌의 새로운 기능 향상 및 재활이 가능해졌다. 두뇌공학혁명(Neurotechnology Revolution)은 10년 전부터 이루어지고 있으며, 현재 개발된 기술은 많다.

- **자기공명 영상기술** 이미징, 즉 자기공명영상(MRI)으로 뇌의 상태, 구조에 대한 획기적인 뇌 스캔 기술이다. 뇌의 역할을 구별할 수 있는 이미지를 보여준다. 최근에는 기능성 MRI 촬영(fMRI)이 등장했는데, 기능성 MRI를 활성화 시 뇌에 산소 수준을 측정, 신경 활성화를 알 수 있다. 다른 도구가 개발되어 뇌과학자들(Neuroscientists)에 의해 뇌의 구조와 활성을 추적하는 데 사용된다. 종래의 CT 촬영이 지금은 MRI 촬영으로 바뀌고 있다. 옛날에는 X-레이를 사용하여, 방사선 노출로 연구자들은 뇌뿐만 아니라 부상 파악, 동맥류 질병 파악을 하여 지속적인 뇌 손상을 일으킬 수 있었는데, 이 자기공명영상으로 지금은 대부분 대체되었다.
- **두개골 표면 측정기술들** Electroencephalography (뇌파) 측정을 브레인 웨이브가 아닌 3차원적으로 뇌활동을 실제로 보면서 활동을 측정하는 방법이 나왔다. 전극을 머리와 두피에 배치하여 뇌활동을 측정한다. EEGs, 즉 일반적으로 불면증이나 수면 시에 촬영되는 기술로 뇌졸중

및 뇌종양이 존재하는지, 간질이 있는지를 읽게 된다. 또 Magnetoencephalography(MEG)는 두뇌의 전기 흐름에서 발생하는 자기장을 측정하는 방법인데, MEG 뇌파를 사용하는 대신에 고도화된 위치를 찾아낸다.

- 뇌 칩 임플란트 테크놀로지 Neurodevices 어떤 장치나 칩을 넣어 두뇌 모니터, 두뇌활동을 조절하는 데 사용된다. 파킨슨병에 대한 치료 임상 사용할 수 있는 몇 가지 기술이 개발되어 있다. Neuromodulation Neurodevices는 신경의 화학적 반응을 읽는 새로운 기술이다. 모든 장치가 네트워크에 연결되어 반응이 측정되며 신경 이식도 가능해졌다.
- 유전자/세포 치료 세포 치료가 가능해지고 있다. 또 두뇌에 영향을 미치는 유전자 능력을 조사하고 있다. 나노입자 벡터를 조작하고 두뇌의 능력을 개선하는 새로운 기술이 연구되고 있다. 전반적인 건강과 질병에 대한 저항력, 유전자의 하는 일, 두뇌의 줄기 세포를 찾는 일이 진행되고 있다.
- 공부하는 뇌 역량강화, 즉 IQ 높이기(기억의 양 증강) 감각을 인식하고, 지식을 저장하는 메모리, 순서대로 생각하고 움직이는 뇌역할, 공간의 이해, 균형감각 등에 관한 연구가 진행되고 있다. fMRI 또는 실시간으로 볼 수 있는 MRI 촬영으로 뇌활동을 볼 수 있는데, 이는 두뇌가 어떻게 사람이 살아가는 환경을 인지하고, 두뇌가 어떻게 다양한 스트레스를 이겨나가며, 기능 장애 시에는 어떤 반응을 하는지 연구 중이다. 뇌의 신경 활동과 신진대사와의 연결관계, 인간의 생리 및 대사 활동과 두뇌의 역할, 특정 조건하에 두뇌의 어떤 부분이 어떤 역할을 하는지 등을 연구하게 되면, 학습능력 강화가 가능해진다. 고통을 이겨내는 방법도 두뇌의 역할 부분이 밝혀지면 통증치료, 즉 무통으로 만들 수 있는 등 두뇌공학의 미래 영역은 무궁무진하다. 두뇌 맵핑의 효율성을 알면 시험을 잘 칠 수 있게 만들 수도 있으며, 거짓말을 탐지하는 새로운 방법도 개발될 수 있다.
- TMS 기술 TMS란 기술은 성격 장애 환자에 대한 잠재적인 치료 기법으

로 이미 다양하게 사용되는 기술이다. PTSD가 편두통, 및 기타 뇌 질환에 사용되고, 더 많은 정보를 해킹하는 기술, 두뇌의 인식과 환자의 사고를 변경시켜주어 질병을 치료하거나 예방할 수도 있다.

〈박영숙, 데일리안, 2010.2.14.〉

거대과학 왜 중요한가

'거대과학(Big Science)'이 부상하고 있다. 일반인에게 아직 낯선 이 용어는 과학기술 각 분야의 전문 인력과 거대 장비, 막대한 투자가 필요한 종합적 연구개발을 일컫는다. 예컨대 우주개발, 핵융합, 원자력발전과 같이 첨단가공 및 초정밀기술을 통해 극한의 자연현상을 관찰하거나 새롭게 만드는 그야말로 '거대한' 작업이라고 할 수 있다. 거대과학은 파급효과가 커서 관련 분야의 동반성장을 촉진한다는 점에서도 긍정적이지만 지구자원 고갈 및 환경문제 등 인류가 직면한 문제해결의 핵심 열쇠라는 점에서 더욱 의미가 크다.

▲ 우주 왕복선

우리나라가 최근 집중적으로 추진하고 있는 거대과학 프로젝트로 우주개발을 꼽을 수 있다. 우주개발의 경우 한국 최초의 우주인 탄생으로 국민들에게 가까이 다가갈 수 있는 기회를 마련했지만, 사실 정부는 1990년대부터 단계적으로 예산을 꾸준히 투자해왔다. 우주인 선발은 그 결실 중 하나인 것이다. 1992년 '우리별 1호' 위성을 최초로 발사한 이후 2006년에는 1m급 고해상도 카메라를 탑재한 아리랑 2호를 성공적으로 발사한 바 있다. 현재 과학기술위성, 다목적실용위성, 무궁화 위성 등 총 11

기의 위성을 운용하며 위성 강국 10위권으로 부상했다.

위성 자체의 개발만큼 중요한 것이 위성을 쏘아 올리는 발사체의 개발이다. 발사체를 만들 수 있다는 것은 위성을 언제든지 독자적으로 발사할 수 있다는 능력을 나타내기 때문에 소위 한 국가의 우주개발을 '완성'하는 사업이라고 할 수 있다. 발사체 개발 또한 전형적인 거대과학이라고 할 수 있는데, 정부는 우리나라 최초의 우주 발사체인 소형위성발사체(KSLV-1)를 올해 말 전라남도 고흥의 나노우주센터에서 발사할 예정이다.

현재 발사체 기술을 보유한 국가는 프랑스, 미국, 중국, 일본 등 7개국으로 발사체는 세계 우주개발 경쟁에서 우위를 확보할 수 있는 핵심 분야다. 현재 소형위성발사체는 성공적 발사를 위한 막바지 준비에 여념이 없으며, 올해 말 우리 땅에서 우리 힘으로 개발한 발사체가 성공한다면 명실상부한 세계 10위권의 우주강국 진입의 발판을 마련하게 될 것이다.

또 다른 거대과학 분야로 핵융합에너지를 들 수 있다. 핵융합은 화석연료 고갈과 지구온난화를 동시에 해결할 수 있는 이른바 '미래 청정 에너지원'이다. 특히 에너지 수입의존도가 97%에 달하는 우리나라의 경우 '3차 오일쇼크'라 불리는 초고유가에 대비하는 대안에너지 개발은 무엇보다 시급한 과제이다. 정부는 그동안 환경 친화적이고 안전성이 뛰어나며 자원 고갈의 걱정이 없는 핵융합 에너지개발을 지속적으로 추진해왔다. 1996년 핵융합연구장치인 KSTAR의 개발에 착수해 2007년에 완공, 전 세계의 주목을 받았으며 이러한 기술력을 바탕으로 선진 7개국만이 참여하는 국제핵융합실험로(ITER) 개발에 뛰어들었다. 정부는 최초의 국제 대형 프로젝트인 핵융합실험로 사업을 통해 인류의 에너지문제를 근원적으로 해결할 수 있도록 지원과 협력을 아끼지 않고 있다.

21세기는 지식기반 시대다. 자원보유 여부가 국가의 부를 결정하던 과거와는 달리 창조적 지식과 정보가 국가경쟁력을 결정하는 시대인 것이다. 우리나라가 거대과학에 집중해야 하는 이유가 여기에 있다. 거대과학은 투자대비 결과물 산출기간이 길고 엄청난 예산과 기술력이 필요하다. 그렇지만 국가 이익 증진 및 국제사회에서의 지위 향상을 위해 필수적인 분야이다. 이제 미래 기술 강국을 준비하는 시각과 이에 대한 전략을 세워 거대과학기술에 집중해야 한다. 그것이 우리나라가 자원빈국에서 기술부국으로 거듭나는 길이다.

〈박종구, 서울신문, 2008.7.18.〉

스마트폰이 삶의 문법을 바꾼다

이 세계에서 스마트한 기기들은 사람이 알든 모르든 끊임없이 서로 의사소통을 하면서 상황과 맥락에 맞게 적절한 행동을 취한다. 예를 들어 노인이 마루에 쓰러져 한참 동안 움직이지 않는다면 텔레비전, 전등 등에 설치된 센서들은 노인이 비정상적인 행동을 하는 위급한 상태라는 점을 감지하고 노인에게 경고를 보내게 된다. 그럼에도 노인이 응답을 하지 않으면 그 정보를 전화기나 인터넷 같은 통신수단에 전달하고 전화기나 인터넷은 이를 가족, 구급대, 병원에 알리게 된다. 마트에서 구입한 냉동식품에 붙어 있는 전자태그는 스마트한 오븐이나 전자레인지에 자신을 어떻게 요리해야 하는지 알려주어 굳이 사람이 조작하지 않아도 저절로 최적으로 요리하게 된다.

이런 식으로 사람이 원하는 일들을 알아서 척척 해주는 자동화된 주택, 공장, 건물이 수 년 내 실용화될 것이라는 이야기는 수십 년 전부터 되풀이되어 왔다. 시간이 지난 뒤 속았음을 깨닫곤 했다. 그러나 이번에는 상황이 좀 다르다. 스마트폰의 등장 때문이다. 스마트폰은 훨씬 손쉽게 유비쿼터스 세계를 구현해낼 잠재력을 지니고 있다.

스마트한 기기는 스스로 판단할 능력을 갖고 있지는 않다. 인공 지능 컴퓨터부터 로봇에 이르기까지 스스로 생각하고 행동하는 기기가 여럿 등장해 실제로 쓰이고 있긴 하지만 그것은 내장된 프로그램에 의해 구동되는 것일 뿐이다. 그렇긴 해도 로봇 청소기나 첨단 세탁기처럼 상황에 맞게 알아서 작동하는 그런 기기는 우리에게 편리함을 준다.

▲ 스마트폰의 내비게이션 역할

지능적 세계의 기기들도 마찬가지다. 과자 봉지에 붙은 작은 전자태그에 복잡한 계산을 하는 기능을 담기는 힘들며 그렇게 할 이유도 없다. 그저 상품에 관한 일반 사항에다가 인터넷 주소, 무선 통신 기능이 추가되는 정도일 것이다. 스마트라는 말을 붙이기 어색할 정도로 단순한 사안이다.

그러나 이 과자 봉지의 전자태그가 다른 상품들의 전자태그, 공장의 기계, 손수레, 트럭, 자동차 그리고 스마트폰에 있는 정보처리장치와 의사소통을 하면 새로운 상황이 연출된다. 과자가 언제 어디에서 생산되어 어떤 운송 수단을 통해 어떠한 경로로 상점에 진열되고, 언제 누구에게 판매되어 어느 집으로 가서 언제 개봉되었으며, 어떠한 경로로 재활용되거나 소각되는지 다 드러난다. 모든 사물이 정보의 생산자이자 메신저이자 수신자가 되는 상황이다. 이때 당신의 몸에 항상 붙어 다닐 스마트폰은 당신이 어디를 가든 세계의 만물과 소통하도록 해주는 것이다.

이런 세계에선 영화 제목인 〈노 웨이 아웃(No Way Out)〉처럼 숨는 것도, 탈출하는 것도 불가능하다. 심어둔 통신 기능을 훼손하지 않는 한 말이다. 당신이 훼손하는 즉시 천장의 CC-TV가 당신을 촬영하거나 당신의 스마트폰을 통해 정보가 전해져 소행을 드러내고 말 것이다. 의사소통의 다른 이름은 감시다. 조지 오웰의 소설 『1984년』이 떠오르는 상황인데 조지 오웰은 시민을 감시하는 수단으로 기껏 카메라와 도청기만을 상정했을 뿐이다. 그는 눈에 보이는 모든 물체가 감시 수단으로 활용되는 사회는 상상도 못했다. 사생활 보호 문제는 지능적 세계를 구축하기 전에 논의해야 할 가장 큰 과제 중 하나가 될 수 있다.

사람은 자신의 스마트폰을 통해 사물, 거대한 구조물, 동물, 식물과 대화하는 것에 익숙해지게 될 것이다. 이러한 사람, 생물, 무생물이 얽힌 복잡한 상호작용은 새로운 형태의 지능을 낳을 수 있다. 지구라는 무생물이 가이아라는 자기 조절 체계를 낳았듯 영리해진 사물들이 집합체를 이루면 이 집합체가 스스로를 조절하는 세계가 나타날 가능성은 충분하다.

〈이한음, 신동아, 2010.6.1.〉

'환경 대재앙'이 지구를 삼키고 있다

1960년대 이후 수량이 90%까지 줄어든 아랄 해는 사막으로 변하고 있다. 지구 곳곳에 지구온난화로 인한 기후이변과 환경재앙이 잇따르면서 공업 국가들이 '결자해지(結者解之)' 움직임을 보이고 있다.

G8(선진7개국+러시아)과 중국·인도 등 세계 20개국 에너지·환경담당 장관들은 1일 런던에서 기후변화에 대한 공동 대책을 논의했다. 석탄연료의 사용을 줄일 수 있는 에너지·기술 개발의 필요성과 기업들이 온실가스 배출을 줄여나갈 수 있도록 정부정책이 뒷받침돼야 한다는 데 참석국들은 입을 모았다.

▲ 사막으로 변하고 있는 아랄 해의 모습

이날 회의에서 앨런 존슨 영 상무부장관은 "기후변화는 정치·환경·경제적 화두다. 점점 더 많은 기업들이

기후변화를 막는 것이 비용 소비가 아니라 기회를 잡는 것임을 인식하고 있다"고 지적했다.

2012년 효력을 상실하게 되는 교토의정서 후속이 될 환경보호조약도 언급됐다. 교토의정서는 선진국에 이산화탄소(CO_2) 등 온실가스 6종 배출량을 2012년까지 1990년 수준으로 줄이도록 했으나, 세계최대 온실가스 배출국인 미국이 비준하지 않아 실제 효과는 높지 않다는 지적을 받고 있다. 구속력도 약하다.

그런데 2025년쯤이면 중국·브라질·인도 등 개발도상국의 온실가스 배출량이 전 세계의 절반 이상을 차지할 것으로 예상된다.

현재 석유 등 석탄연료로 인한 이산화탄소 등 온실가스 배출의 피해는 심각한 상황이다. 로렌스 리버모어 미 국립연구소의 최근 보고서에 따르면 석탄연료 사용이 현재 수준을 유지할 경우 대기 중 CO_2 농도가 2070년이면 산업화 이전의 2배에 달한다. 2300년이면 지구 평균온도는 8도 상승하며 해수면은 약 7m 상승한다. 대기 중 CO_2의 80%는 바다로 흡수돼 해수 산성화를 일으키며 해양 생태계는 파괴된다.

물로 변한 빙하 남미 대륙에서 가장 컸던 아르헨티나 웁살라 빙하는 현재 매년 200m의 속도로 급속하게 줄어들고 있다. 1928년까지만 해도 산 아래 광활했던 빙하지역(사진 위)이 2004년엔 물로 변했다. (그린피스·BBC온라인)

이로 인한 인명·경제피해는 막심하다. 환경단체들은 "기후변화가 수백만 명의 목숨을 위협하고 있다"고 주장한다. 하버드 의대는 1일 보고서에서 이상기후로 인해 질병 매개동물이 창궐할 수 있다고 경고했다.

매일 3,000여 명의 아프리카 어린이가 모기가 옮기는 말라리아로 숨지는 현 상황은 예고편에 불과하다는 것이다. 최근의 극심한 가뭄이 중동·아프리카 등지에서 수자원을 둘러싼 무력갈등을 고조시킬 가능성도 제기되고 있다.

〈최민영 기자, 경향신문, 2005.11.2.〉

과학과 윤리가 만났을 때 우리의 과제

과학과 윤리의 문제를 생각할 때, 많은 사람들은 과학은 사실의 문제를 다루고 윤리는 당위의 문제를 다룬다고 얘기한다. 사실 명제로부터 당위 명제가 유도될 수 없다는 것은 일찍이 영국의 경험주의 철학자 데이비드 흄이 지적한 것으로서, 과학철학에서는 이를 '자연주의적 오류'라고 부른다. 1940~1950년대에 미국에서 수소폭탄을 제조했던 과학자들은 자신들의 연구가 '사실'의 영역에 국한된 것이며, 따라서 이러한 연구를 수행하는 것을 두고 어떠한 윤리적 문제도 고려할 필요가 없다고 얘기하곤 했다. 에드워드 텔러 같은 물리학자는 심지어 "해야 하는(수소폭탄과 관련된) 연구를 하지 않는 것은 과학자로서 책임을 방기하는 것이다"고 주장했으며, 어떤 과학자는 과학 연구의 "적극적 무책임성"이라는 궤변을 주창하기도 했다.

1960년대 미국과 옛 소련의 냉전 시기에 게임 이론의 방법을 사용해 위험천만한 핵전략을 만들었던 미국의 한 과학자는, 1980년대에 모스크바를 방문하고 그곳 붉은 광장에서 수많은 젊은이들이 어울려 노는 것을 보고 그만 울음을 터트렸다고 한다. 그가 랜드 연구소(1948년에 미국 공군의 위촉을 받아 민간 과학자와 기술자들이 창설한 비영리적 연구개발 기관) 같은 곳에서 만들던 핵전략에서 모스크바는 언제든지 소멸될 수 있는 그래프상의 한 점이었지 사람이 사는 도시가 아니었다. 그런데 모스크바에 막상 가본 뒤에야 거기도 미국의 도시처럼 젊은이들이 노니는, 사람이 사는 도시였음을 깨달았던 것이다. 그는 미국에 돌아와서 자신이 하던 연구를 중단하고, 핵무기에 반대하는 시민들의 모임을 조직해서 그 모임의 리더가 되었다. 핵전략에 대한 그의 연구는 사회적·윤리적 문제를 배제한 과학 연구가 어떤 결과로 이어지는가를 잘 보여준다. 또한 이 과학자의 변신은 과학과 윤리가 만났을 때 만들어지는 바람직한 상호작용의 실례라고 볼 수 있다. (중략)

지금 과학기술계에서는 다양한 윤리 강령이 만들어지고 있다. 물론 윤리 강령을 제정하고 낭독한다고 해서 과학기술과 시민 사회의 관계가 갑자기 바람직한 모습으로 자리 잡는 것은 아니다. 그 헌장이나 강령의 정신을 과학기술자들이 일상적 실천 속에 담아내는 것이 더 중요하다. 이러한 의미에서 윤리 강령과 제정은 과학기술과 시민 사회의 바람직한 관계를 위한 중요한 첫발이라고 할 수 있다.

〈홍성욱, 『홍성욱의 과학에세이 과학, 인간과 사회를 말하다』, 동아시아, 2008.〉

생명공학의 윤리적 쟁점과 과학자의 책임

과학적 발견과 그 실제적 응용이 시간 및 공간상 잘 분리되어 있던 과거에는 아마도 '상아탑(Ivory-cower)' 정신이 순수과학에서 유지될 수 있었는지 모른다. 하지만 지난 20세기를 볼 때, 전반기에는 물리학이, 후반기에는 생물학에 있어 일어났던 순수과학의 엄청난 발전은 과학과 일반 사회의 관계를 완전히 바꾸어 놓았다. 과학은 일반인의 삶에서 지배적 요소가 된 것이다. 과학은 인간들의 삶의 질을 크게 향상시켰지만, 그것은 또한 심각한 위험들을 창출하였다. 예컨대 환경의 오염과 천연자원의 고갈, 전염성 질병의 증가, 그리고 무엇보다 대량 파괴 무기의 개발이 인류의 생존 자체를 위협하게 된 것을 들 수 있다. 따라서 과학자들은 더 이상 그들의 연구가 개인의 복지나 국가 정치와 무관하다고 주장할 수 없게 되었다.

하지만 놀랍게도 많은 과학자들은 아직 상아탑 정신에 매달려서 자유방임적인 과학 정책을 옹호하고 있다. 그들의 논리는 주로 순수과학과 응용과학 사이의 구분에 의존하고 있다. 즉 그들은 사회에 해로울 수 있는 것은 과학의 응용이지 순수과학이 아니라고 주장한다. 따라서 순수과학에 관한 한, 과학자들이 지켜야 할 유일한 의무란 연구의 결과를 대중에게 알리는 것뿐이라고 주장한다.

그러나 이제 순수과학과 응용과학 사이의 구분은 거의 존재하지 않는다고 말할 수 있다. 과학자가 비도덕적(Amoral) 태도를 취하는 것은 받아들일 수 없으며 심지어 부도덕한(Immoral) 일인데, 왜냐하면 그것은 자신의 행위가 낳은 결과에 대하여 정당한 책임을 회피하는 것이기 때문이다.

오늘날 우리는 점점 더 상호 의존성이 커지는 세계 공동체 속에서 살고 있으며, 이는 대체로 과학 연구로부터 나온 기술 진보의 덕분이다. 상호 의존적인 공동체는 그 구성원들에게 큰 이익을 제공하지만, 이와 동시에 그들에게 책임을 부과한다. 이러한 책임은 현대 사회에서 과학이 행하는 지배적인 역할 때문에 특히 과학자들에게 무겁게 부여된다. 과학자들의 반핵 평화 운동 단체인 퍼그워시 세계 문제 협의회(Pugwash Council for World Affairs)의 현 회장을 맡고 있는 수학자 마이클 아티야(Michael Atiyah)는 1997년 쉬뢰딩거 강연회에서 과학자의 특별한 책임에 대한 이유를 다음과 같이 설명하였다. "만일 우리가 어떤 것을 창조한다면 우리는 그것이 가져올 결과들에 대해 마땅히 관심을 가져야만 한다. 이는 아이를 가질 때와 마찬가지로 과학 연구에도 똑같이 적용되는 것이다."

구체적으로 아티야는 과학자들이 자신의 연구가 낳은 결과에 대해 책임을 져야 할 네 가지 이유를 제시하고 있다. 첫째, 과학자들은 평균적인 정치가나 시민보다 기술적 문제들을 잘 알고 있으며, 지식은 그에 따른 책임을 수반한다. 둘째, 과학자들은 나중에 출현할지 모르는 파생적 문제들을 해결하는 데 있어서 기술적 자문 및 지원을 제공해줄 수 있다. 셋째, 과학자들은 현재의 발견으로부터 발생할지 모르는 미래의 위험들에 대하여 경고를 할 수 있다. 넷째, 과학자들은 국가의 경계를 넘어서는 국제적 우애 관계를 형성하며, 따라서 그들은 인류 전체의 이익을 위한 전지구적 관점을 취하기에 좋은 위치에 있다.

이외에도 과학자들이 자신의 연구에 대하여 책임을 져야 할 또 다른 이유가 있다. 그것은 나쁜 대중적 이미지를 갖게 될 때 과학자들에게 돌아오는 결과 때문이다. 대중은 과학적 진보로부터 생기는 위험들에 대해 과학자들에게 책임이 있다고 간주하고 있다. 예컨대 핵무기의 가공할 위험에 대해 대중이 과학자들을 비난하는 것은 그럴 만한 근거가 있다. 인간 복제는 역겨운 일이며 대중은 이러한 부도덕한 짓을 막아야 한다고 여기고 있다. 선거에 의한 정부를 통해서 대중은 과학을 통제할 수단을 갖고 있는데, 주로 이는 자금 지원을 철회하거나 과학에 해로운 엄격한 규제를 부과하는 방법을 통해서이다.

과학이 자신의 대중적 이미지를 개선하는 것, 자신의 청렴성에 대해 사회의 존경을 다시 얻는 것, 그리고 자신의 발언에 대해 대중의 신뢰를 다시 획득하는 것은 두말할 나위 없이 매우 중요한 일이다. 과학자들은 미지의 세계에 대한 탐구와 함께, 이웃을 돌보고 자신의 행위에 기꺼이 책임질 자세가 되어 있다는 것을 행동으로 보여주어야 한다. 그래야만 과학에 대해 대중도 신뢰와 지지를 보낼 것이기 때문이다.

〈김환석, 「생명공학의 윤리적 쟁점과 과학자의 책임」, 『인간연구』 6, 가톨릭대학교 인간학연구소, 2004.〉

학과 : 학번 : 이름 :

4 과학문명과 우리의 미래
소통 마당

01 '생명공학의 윤리적 쟁점과 과학자의 책임'를 읽고 각 문단의 중심 내용을 요약해 보세요.

1. ____________________

2. ____________________

3. ____________________

4. ____________________

5. ____________________

6. ____________________

7. ____________________

02 읽기 마당의 기사를 바탕으로 과학의 발달이 우리 생활을 편리하게 한 점을 이야기 해보세요.

- 편리해진 점

03 읽기 마당을 읽고, '거대과학'이 무엇인지 정의한 후 그 중요성에 대해 정리해보세요.

정의	
중요성	

04 읽기 마당의 글 '스마트폰이 삶의 문법을 바꾼다'를 읽고, 현재의 삶에 스마트폰이 미치는 영향과 문제점에 대해 생각해보세요. '스마트폰의 영향과 문제점'이라는 글을 쓴다고 생각하고 개요를 작성해보세요.

I. 서론

II. 본론

III. 결론

05 **과학의 발달에 따라 우리가 얻는 것과 잃는 것이 무엇인지 구체적으로 제시해보세요.**

① 과학의 발달에 따른 득 : ______

② 과학의 발달에 따른 실 : ______

06 **다음의 하위 주제를 중심으로 토론해보세요.**

- 과학문명의 발달은 필연적으로 환경의 파괴를 불러오는가.
- 과학문명의 발달은 분명히 삶의 질을 향상시키는가.
- 과학기술의 발전과 국가경쟁력의 상관관계는 어떠한가.
- 과학 발전의 속도를 윤리, 의식, 제도 등이 충분히 따라가고 있는가.

5과

성역할과 성차별

현대사회는 이전 시기에 비해 여성의 사회적 진출이 늘어나고, 양성평등에 대한 시각도 확대되었다고 할 수 있다. 그럼에도 불구하고 아직 여러 부분에서 여성에 대한 고정된 성역할을 강요하거나 암묵적으로 지시하는 모습이 잔존한다. 여전히 '여성'이기 때문에 받는 불이익이 존재한다는 것이다. 양성평등을 지향하는 사회가 될수록 여성의 사회 활동은 많아질 수밖에 없다. 그러나 이에 비해 제도나 사회적 인식은 아직도 과거의 성역할에 얽매여 있는 경우가 많다. '슈퍼우먼' 콤플렉스에 시달리는 현대의 여성은 지금 이 시대의 자화상이라 할 수 있을 것이다.

제시문은 전통사회 성역할의 배경, 현대사회의 성역할과 성차별은 어떠한지에 대한 다양한 사실과 의견을 담고 있다. 고정된 성역할이 과연 존재하는 것인지 생각하며 제시문을 읽어보고, 생물학적인 성과 사회적인 성의 관계에 대해서도 생각해보자.

위헌결정 10년 다 돼도 군 가산점제 부활 논란

성대결 양상 … 정치권서도 들쑤셔

군 가산점제를 부활시키는 내용을 포함한 병역법 개정안이 지난 6월 김성회 한나라당 의원 대표 발의로 나왔다. 군 가산점제는 위헌 결정이 나왔는데도 10년 가까이 부활 주장이 끊이지 않아 근본적 해결책을 찾아야 한다는 목소리가 나온다.

상이군인 의무고용 할당 제도에서 비롯한 군 가산점제는 병역을 마친 군필자가 공무원 채용시험 등을 치를 때 과목별로 만점의 3~5% 가산점을 주는 것을 뼈대로 해왔다. 이에 1998년 대학생 6명이 이 제도를 뒷받침하던 '제대 군인 지원에 관한 법률'에 대해 헌법소원 심판을 청구했으며, 1999년 위헌 결정을 받아냈다.

연 도	법률 · 발의안	내 용
1961년	군사 원호대상자 고용법	상이군과 가족의 5% 의무 고용
1969년	군사 원호대상자 고용법	제대 군인에 5% 가산점 부여
1998년	제대 군인 지원에 관한 법률	민간기업 적용 의무화
〃	제대 군인 지원에 관한 법률 헌법소원 청구	
1999년	제대 군인 지원에 관한 법률 위헌 결정	
2005년	제대 군인 지원법 개정안 발의(주성영 한나라당 의원)	3% 가산점 부여, 군복무 기간 경력 포함 의무
2007년	병역법 개정안 발의(고조흥 한나라당의원)	2% 가산점 부여, 인원 · 횟수 제한
2008년 6월	병역법 개정안 발의(김성회 한나라당의원)	2% 가산점 또는 호봉 중 하나 선택
2008년 7월	병역법 개정안 발의(주성영 한나라당의원)	3% 가산점, 위반업체 과태료 부과

군가산제 논란 일지

당시 헌법재판소는 "전체 여성 가운데 극히 일부분만 제대 군인에 해당하지만 남성의 대부분은 제대 군인에 해당하므로 성별에 의한 차별이며, 또 현역 복무를 할 수 있는 남성과 그렇지 않은 남성을 차별하고 있다"며 평등권을 침해한다고 판결했다. 또 "능력주의에 기초하지 않은 불합리한 기준으로 공직 취임권을 제한한다"며 공무 담임권도 침해하고 있다고 판결했다.

그러나 제도가 폐지된 뒤에도, 군 가산점제를 군 복무에 대한 보상으로 바라보거나 제도 폐지를 주장하는 여성단체들에 반감을 지닌 일부 남성들의 주장이 수그러들지 않으면서 군 가산점제 논란은 이어져 왔다. 군 가산점제의 수혜자는 일부에 지나지 않는데도 마치 모든 남성의 권익을 지키는 장치처럼 여겨져 논란은 성 대결 양상으로 번졌다.

정치권 일각에서 군 가산점제의 불씨를 들쑤시는 일도 있었다. 17대 국회에서는 가산점 적용 비율의 정도만 낮춘 군 가산점제 부활안이 발의됐다가 자동 폐기된 바 있으며, 이명박 대통령도 지난해 대선 때 군 가산점제 부활을 공약으로 내세웠다.

그러나 모든 제대 군인에게 혜택을 주지도 못하고 여성과 소수 남성의 기본권까지 침해하는 군 가산점제를 두고 부활 논의가 끈질기게 되살아나는 현상에 대한 비판이 여전하다. 지난 3일 국회에서 열린 토론회에서 곽용수 국방연구원 책임연구위원은 "실질적인 지원책이 아닌 군 가산점제를 추진하는 것은 (군필자 보상에 대해) 돈 들이지 않고 손쉽게 문제를 해결하려고 하는 의도가 담겨 있다"고 지적했다.

안상수 한국여성정책연구원 연구위원은 "군 가산점제에 대한 남성들의 높은 지지는 그것이 유일한 대안이라서가 아니라 군 복무에 따른 '손실'을 보상해줄 마땅한 대안이 없기 때문"이라고 말했다. 권인숙 교수는 "사회 구성원들의 갈등을 일으키는 대책이 아니라 함께 논의할 수 있는 대책을 찾아야 한다"고 말했다.

〈최원형 기자, 한겨레, 2008.9.18.〉

100 대 57 … 갈길 먼 '남녀 고용평등'

관리자 비율은 남성의 8% 불과

여성 노동자의 고용 지위가 점차 개선되고 있지만, 아직도 남성 노동자의 절반 수준에 지나지 않는 것으로 나타났다.

노동부는 지난해의 남녀고용평등지표를 조사한 결과, 2007년보다 0.3%포인트 오른 57.4%로 나타났다고 18일 밝혔다. 2000년 51.3%, 2006년 56.5% 등에 이어 전반적으로 상승 추세지만, 아직 50%대에 머무르고 있는 것이다.

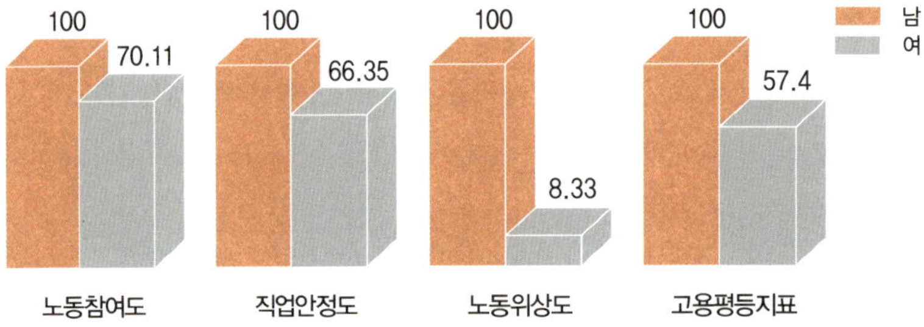

2008년 남녀 고용평등지표 (단위:%)

고용평등지표는 노동참여도(임금노동자 비율), 노동보상도(시간당 임금 비율), 노동위상도(관리자 비율), 직업안정도(상용직 비율) 등 노동시장의 남녀 차이를 비교한 4개 지표를 이용해 여성과 남성의 전체적인 고용평등 정도를 보여준다. 100에 가까울수록 여성과 남성의 고용상 지위가 평등함을 뜻한다.

이번 조사에서 임금노동자 비율은 남성 48.3%, 여성 33.9%로, 고용평등지표상 노동참여도는 70.1%로 나타났다. 시간당 임금은 남성 1만 3,191원, 여성 9,207원으로 나타나 노동보상도가 69.8%를 기록했다. 상용직 비율은 남성 64.8%, 여성 43%로, 직업안정도는 66.4%였다.

여성이 남성에 견줘 가장 크게 격차가 난 것은 관리자 비율이었다. 관리자 비율은 남성이 3.32%인데 반해 여성은 0.28%로, 노동위상도는 8.3%에 그쳤다.

허원용 노동부 고용평등정책관은 "여성의 고용평등 수준이 점차적으로 나아지고 있지만, 출산·육아기 여성의 경력 단절, 고위직 진출 부족 등의 문제가 개선돼야 한다"고 말했다.

〈남종영 기자, 한겨레, 2009.11.18.〉

국가·지역 성평등지수 상승에도 의사결정은 여전히 '남자세상'

지난해 우리나라 국가성평등지수와 16개 시·도의 지역성평등지수가 전년 대비 소폭 상승해 성평등 수준이 개선된 것으로 나타났다. 하지만 국회의원, 5급 이상 공무원 등 의사결정권을 가진 직급의 성평등지수는 여전히 낮았다.

여성가족부는 한국여성정책연구원에 의뢰해 지난해 기준 국가성평등지수와 지역성평등지수를 측정한 결과, 국가성평등지수는 69.9점, 지역성평등지수는 70.2점으로 전년도(국가 68.7점, 지역 69.3점) 대비 상승했다고 30일 밝혔다.

국가 및 지역성평등지수는 시·도별 성평등 수준과 성평등 정책의 효과를 측정해 지역 여성정책을 활성화하고 성평등 수준을 제고하기 위해 산정하는 지수로 경제활동·의사결정·교육직업훈련·복지·보건·안전·가족·문화정보 등 8개 분야 지표를 종합 분석했다. 완전 성평등한 상태는 100점이다.

8개 분야 중 교육·직업훈련분야가 96.3점으로 성평등 수준이 가장 높고, 보건(96.2점), 문화·정보(86.6점), 복지(71.6점) 순으로 그 뒤를 이었다. 가장 낮은 분야는 의사결정(18.7점) 분야로 나타났다. 의사결정 분야는 광역 및 기초의원, 국회의원, 5급 이상 공무원, 관리직 등 비율로 산출한다.

2013년과 비교해보면 8개 분야의 점수가 모두 상승한 가운데, 남성 육아휴직 사용자가 크게 증가한 가족 분야(62.8점 → 66.7점)가 가장 많이 상승했고, 의사결정 분야(18.6점 → 18.7점) 상승폭이 가장 작았다.

시·도별로는 강원·대전·서울·충북이 상위지역, 경기·대구·부산·인천이 중상위지역, 광주·경남·전남·제주가 중하위지역, 경북·울산·전북·충남(이상 가나다 순)이 하위지역으로 분류됐다.

여가부는 지역별 종합순위는 발표하지 않았지만 제주(경제활동, 복지, 보건), 광주(의사결정), 경기(교육·직업 훈련), 전남(안전, 가족), 대전(문화·정보)이 각 분야에서 1위를 차지했다.

김희정 여성가족부 장관은 "정부에서 여성고용 대책을 마련하고, 일·가정 양립 확산을 핵심개혁과제로 적극 추진해 우리나라의 양성평등 수준이 지속적으로 높아지고 있다"며 "앞으로 의사결정, 안전 등 모든 분야의 양성평등 수준을 한 단계 더 끌어올릴 수 있도록 하겠다"고 밝혔다.

〈양은하 기자, 뉴스1코리아, 2015.12.30.〉

"여성, 직업 갖기보단 현모양처 바람직"

최시중 방송통신위원장이 "여성들은 직업을 가지기보다 현모양처가 되기를 바란다"는 남녀 차별적 발언을 해 파문이 일고 있다. 최 위원장은 지난 18일 제주도 서귀포 KAL 호텔에서 열린 한국기자협회의 '2010 여기자 포럼'에서 "세상에서 여성의 임무는 가정을 기반으로 하는 게 맞다"며 "그렇지 않고는 저출산 문제를 해결할 방법이 거의 없고, 직업을 가지더라도 양육과 보육 등의 문제를 고민해야 한다"며 저출산 해법으로 '전업주부'를 제시하기도 했다.(한국일보, 뷰스앤뉴스)

최 위원장의 발언은 시대착오적인 남녀 성차별적인 것으로 구시대의 가부장적 가치관을 적나라하게 드러냈다. 저출산 문제는 과도한 과외비 부담, 취업난과 같은 사회 구조적 원인이 더 큰 것으로 지적받고 있으며, 여성의 사회진출과 취업을 통한 자기완성은 우리 사회에 이미 깊게 뿌리내린 사회적 통념이다. 이런 점을 무시한 최 위원장의 발언은 이명박 정부의 인권 및 여성정책 후퇴의 정책 기조를 그대로 반영한 것이다.

최 위원장은 "여기자들이라고 해야 자식뻘이고 삼촌 같은 마음이다. 언론계 선배로서 허심탄회하게 이야기하겠다"며 이같이 말하고 "충실한 어머니와 선량한 부인만 되어도 사회에 기여하는 것"이라며 "살면서 몇 가지 행복이 있는데 탄탄한 남편을 만나야 하고 재물과 알맞은 일거리가 있어야 하고 행복한 자녀를 둬야 한다. 가정의 행복을 위해 꼭 결혼해서 최소한 애 둘은 낳아 달라"고 덧붙였다. 최 위원장은 여성의 사회적 역할로 현모양처를 앞세우고 있으나 가사와 자녀 양육은 부부 평등의 원칙 아래 부부 공동 책임이라는 기본을 무시한 것이다.

최 위원장의 여성 폄하 발언은 인류 역사를 통해 오랜 기간 동안 되풀이되어 온 남성 우월적 사고방식의 전형이다. 남녀 차이를 인정해야 한다는 이 주장은 '남성은 남성답게, 여성은 여성답게 행동해야 한다'는 일방적 논리를 앞세운 것으로 남성의 기득권을 전제로 한 사회제도나 관념을 바탕으로 삼고 있다. 남성들은 자신들의 기득권을 지키기 위해 여러 가지 이유를 앞세워 여성의 사회적 진입을 적극 저지하는 것이다. 한국의 경우 특히 심하다.

한국은 양성평등 수준이 세계 최하위권이다. 세계경제포럼(WEF)이 지난해 10월 발표한 '2009년 세계 성 격차 보고서'에서 한국은 조사대상 134개국 가운데 115위를 기록했다. 한국 여성은 의회, 각료, 지방자치단체장 진출이 매우 적은 탓에 정치적 권한 부문에서 세계 최하위권이다. 한국 여성은 경제적 참여와 기회에서도 심각한 불평등을 겪고 있고 여성의 고위 관리직과 전문직, 기술직 진출이 현저히 적다. 남성과의 임금 격차도 다른 나라들과 비교해 큰 것으로 조사됐다.

인류의 역사를 보면 남성 지배를 합리화시키는 언행이 지속적으로 등장한다.

최 위원장의 경우도 그런 사례의 하나다. 남성들은 가능한 모든 상상력을 동원해 남성이 여성 위에 군림하는 확실한 명분을 확보하려 시도했다. 기독교 역사상 최고의 신학자로 손꼽히는 토마스 아퀴나스(1225~1274)의 다음과 같은 여성관은 오늘날 시각으로 보면 참혹하다 - 여성은 개인적 천성으로 비춰볼 때 결점이 많고 꼴사나운 존재다. 남성의 씨에 담겨 있는 활력은 남성을 생산하는 경향이 있다. 하지만 여성의 탄생은 남성의 활력에 결함이 생기거나 어떤 물질이 잘못되거나 외부의 영향에 의해 이뤄진다.

많은 의학자들도 성차별주의로 위장된 과학적 지식을 제공하는 부적절한 행위에 가담했다. 예를 들면 미국 하버드 대학의 한 의학자(Edward Clarke)는 지난 1873년 여성이 대학에 입학해서는 안 된다는 책을 써 베스트셀러가 되었다. 그는 젊은 여성이 공부를 너무 많이 하면, 자궁의 피가 뇌로 역류해서 여성을 성질이 고약스럽게 만들면서 불임으로 만든다고 주장했다. 이런 주장은 과학의 탈을 쓴 여성 차별적 폭거다.

인류의 여성 지배사는 잔혹하고 비이성적이다. 유사 이래 남성은 여성들이 자신과는 차이가 있다고 주장하면서 그 차이를 남성지배 사회로 만드는 데 악용해왔다. 남녀 차이를 앞세워 여성을 비하하고, 여성을 정치나 기업의 상층부 직위에서 배제하는 구실로 삼아왔다.

최 위원장의 이번 문제 발언은 김우룡 방문진 이사장이 〈신동아〉 인터뷰를 통해 큰 물의를 빚은 것과 비슷한 맥락이다. 이명박 정부가 집권 3년차를 맞으면서 핵심 인사들의 부적절한 자질과 언행이 연이어 드러나고 있다. 이런 인사들이 언론 정책이나 언론 자유에 대해 관여하고 있으니 매우 불행한 일이다.

〈고승우 기자, 미디어 오늘, 2010.3.20.〉

재편되는 성 질서에 틀어진 남성들

성평등 문제가 성별 사이의 갈등으로 비화할 가능성이 높아지고 있다. '성전쟁'의 시작이 아닐까 우려하는 이들도 있다. 인터넷은 이미 갈등을 넘어 전쟁터 같은 양상을 띠고 있다.

칼럼니스트 하재근(학벌없는사회 사무처장) 씨는 올해 초 한 인터넷 매체에 '어느 한심한 마초들이 여성민우회를 욕하는가'라는 칼럼을 썼다가 지독한 악플에 시달렸다. 한국여성민우회에서 새해를 맞아 성불평등적 가족 호칭(며느리, 올케, 도련님, 아가씨 등) 바꾸기 캠페인을 시작하자 남성 악플러들의 비난이 쏟아졌고, 하씨는 그들과 생각을 달리해 여성단체를 옹호했기 때문이다. 그는 "한국 사회에서 타자를 배려하는 공동체 시민의식이 실종되면서 마치 문화지체현상을 겪듯 약자와 타자에 대한 이해와 상생이 없는 '증오공격'이 되풀이되고 있다"고 말했다.

지난해 내내 '된장녀'에 대한 공방이 이어진 데 이어 연말엔 여성가족부의 성매매방지 이벤트 논란이 터지면서 여성가족부 폐지 온라인 10만 명 서명운동이 있었다. 한국여성민우회의 가족 호칭 바꾸기 캠페인도 지속적으로 공격을 받고 있다.

인터넷에는 남성가족부, 안티여성부, 남성권익보호당 등 여성에 대한 비방과 남성의 이해를 대변하는 사이트나 카페가 생기기도 했다. 이런 성격의 사이트와 여성 관련 사이트에는 남성들의 오프라인 궐기를 촉구하는 글도 떠다닌다.

지금까지는 온라인에서만 도드라지고 있지만 '성별 갈등'은 이미 관련 전문기관의 연구 주제가 될 정도로 무시하기 힘든 '실체'다.

올 초 한국여성개발원은 '성별 갈등 해소를 위한 젠더 파트너십 구축 방안'이라는 보고서를 내놓았다. 한국여성개발원은 지난해 6~7월 만 20살 이상 남녀 1,522명을 대상으로 조사한 결과 4점을 만점으로 봤을 때 학생(2.74)과 화이트칼라(2.69) 남성의 성평등 의식은 농·수·축산업(2.47)이나 자영업(2.62) 남성에 견줘 높은 것으로 나타났다. 하지만 같은 직업 안에서 남녀간 성평등 의식 격

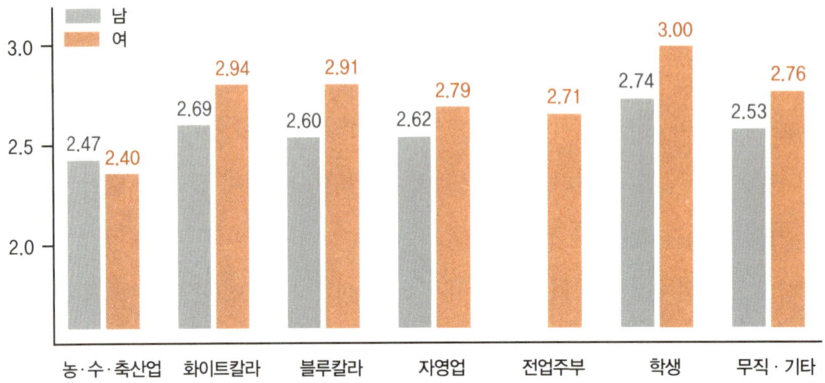

직업별 남녀 성평등의식 (단위:%)

자료 : 한국여성개발원의 국민의식조사결과

차는 학생(0.26점)과 화이트칼라(0.25점)가 농·수·축산업(0.07점)과 자영업층(0.17)보다 높게 나왔다.

학생과 화이트칼라 계층에서 남녀간 성평등 의식 격차가 크다는 사실은 취직이나 승진 등에서 남녀 구분없이 경쟁하고 있는 이들 계층이 군 가산점제 폐지 등과 같은 민감한 사안이 발생하면 언제든지 성별을 놓고 충돌할 가능성이 매우 높음을 보여준다.

성별 갈등의 원인은 무엇일까

전문가들은 그동안 숨죽이고 있던 성별(젠더) 갈등이 성역할 재편의 시기를 맞으면서 폭발하듯 터져나온 것으로 진단한다.

〈창작과비평〉 봄호('애도의 수사학에서 기쁨의 정치학으로')에서 연세대 사회학과 김현미 교수는 이를 부계중심 성별 질서가 개인의 욕망과 변화된 현실을 반영하지 못한 데서 찾았다. 김 교수는 "사회적 타협이 이루어지기에는 현재 한국의 여성과 남성이 서로에 대해 갖고 있는 분노의 수준이 너무 높다"고 우려했다.

그렇다면 대안은?

한국여성개발원 안상수 연구위원은 성별 갈등 해소를 위해 "남성도 함께 공감할 수 있는 여성 의제를 찾아 남성 참여를 독려해야 한다"고 말했다. 김 교수는 "혐오에 바탕을 둔 '마초'나 '된장녀'라는 호명은 동시대를 살아가는 여성과 남성 모두의 관계 맺고 소통하려는 의지를 좌절시킨다"며 서로 각자 '타자'의 권리를 생각해야 한다고 강조했다. 이해와 소통, 그리고 타인의 삶을 이해하려는 성찰과 윤리에서 새로운 성별 질서를 만드는 실마리를 찾을 수 있다는 얘기다.

〈이유진 기자, 한겨레, 2007.2.20.〉

성비 균형 · 구조적 평등 사이에서 중심 잡아야

교사의 여초(女超) 현상과 남교사 할당제

서울시교육청은 '교원의 양성균형임용에 관한 연구'를 근거로 교육과학기술부에 '양성균형임용안' 도입을 건의했다. 교원임용시험에서 한쪽 성의 합격자 수가 일정 비율 미만일 때 성비를 적절히 조정하는 방안이다. 여초 현상은 초등학교와 대도시로 갈수록 심각하다. 고등학교는 42%, 중학교는 64%, 초등학교는 74%에 이른다. 서울 지역 초등학교는 83%이고, 신규 임용은 90% 이상이다. 10~20년 이내 남교사의 비율은 10% 이내로 줄어들 것으로 예측된다. 설문조사에서는 70~80%가 넘는 학생, 학부모, 교사들이 남교사 할당제를 도입하자는 의견을 나타냈다. 심지어 여교사들의 찬성 의견도 많았다.

남교사 할당제 찬성

남교사 할당제를 도입하겠다는 인터넷 기사에 어느 초등학교 남학생이 "그동안 축구하고 싶어도 피구밖에 할 수 없었는데 너무 기쁘다"라는 댓글을 달았다.

성장기의 아이들은 교사로부터 지식만 배우는 것이 아니라 자연스럽게 성역할을 배우면서 인성과 적성이 발달한다.

6년 동안 남자 담임을 한 번도 못 만난 남자 아이들은 갈수록 여성화되는 경향이 있다. 여학생들도 다른 성에 대한 이해가 전제돼야 양성평등사회를 올바로 살아갈 수 있다. 갈수록 대담해지고 흉포해지는 교내 폭력 및 왕따 현상을 제대로 지도하기 위해서는 남교사의 손길이 절실하다. 현직 여교사들이 남교사를 가장 원할 때는 각종 학교 행사를 진행할 때이다.

수련 활동, 운동회, 단체 활동에서는 육체적인 근육의 힘이 필요한 경우가 많다. 남교사 할당제 실시로 우려되는 교육의 질 문제는 합격선에서 몇 % 이내일 경우만 합격시키는 방안을 합리적으로 적용할 수 있다. 선진국도 여초 현상이 문제가 되지만 할당제가 시행되지 않는 이유는 교사 대우가 좋지 않아서 질 좋은 교사를 유인하는 것이 급선무이기 때문이다.

임용시험에서 직접적 혜택을 주어야만 남자들의 지원율이 높아지고 우수 인재가 교육계로 집중될 것이다. 남자와 여자를 갈등 구조로만 접근할 것이 아니라 학교 운영의 현실적 어려움을 함께 극복하는 동반자 관계로 인식하여 균형 있는 교육 시스템을 정착시켜야 한다.

남교사 할당제 반대

여성이 교직으로 몰리는 것은 다른 분야에서는 구조적으로 여성 차별이 심각해서 상대적으로 안정된 직장을 찾으려는 자연스런 현상이다. 교직을 기피하는 남성들의 직업 선호도가 가미되면서 여초 현상이 심각해지고 있다. 교대 입시에서도 남학생에게 입학정원 할당제가 시행되는데 취업에서도 남교사 할당제가 시행된다면 남자에 대한 이중 혜택으로 여자들에게는 심각한 역차별이다.

능력이 아닌 다른 이유로 채용이나 입학이 결정되는 것은 공정한 경쟁을 해치는 것으로서 명백하게 평등권을 침해하는 행위이다. 여초 현상이 학생 지도나

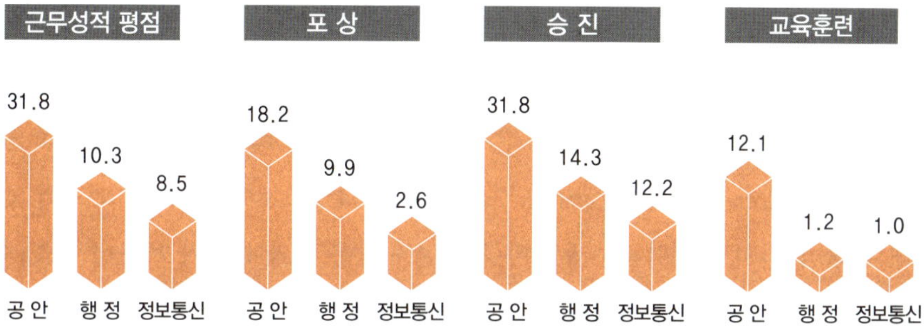

여성공무원 직군별·항목별 심한 차별 인식 정도 (단위: %)

학교 경영 간의 상관관계가 명확하게 밝혀지지 않은 상황에서 단순한 설문 조사로 땜질식의 대안을 마련해서는 안 된다. 남성의 역할이 얼마나 양성평등사회에 적합한지 검증받지 않은 상태에서 가르치는 성역할은 오히려 성불평등을 고착화시킨다.

남성 역할과 생활지도 역량을 꼭 남자 교사에게서만 찾을 것이 아니라 임용시험 자체를 그런 능력까지 평가하는 제도로 바꾸어야 한다. OECD 국가는 전반적으로 여초 현상이 심각하지만 남교사 할당제 같은 인위적 개입은 없다. 수준 낮은 교사를 선발하여 형식적으로 남녀 비율을 맞추면 겉보기는 좋지만 그 피해는 고스란히 학생과 학부모에게 전가된다. 교장, 교감의 남초 현상은 해결할 의지가 없고 평교사의 여초 현상만 문제 삼는 것은 그동안 누렸던 권력을 뺏기지 않으려는 남성위주 사회의 유아적 발상이다.

다양한 할당제 논의

남교사 할당제는 2003년부터 일반 공무원 시험에 적용되어 온 '양성평등채용목표제'의 연장선이다. 이 제도의 취지를 어떻게 해석하느냐에 따라 서로 다른 입장을 취한다. 겉으로 드러나는 성비 불균형을 시정하는 것이 중요하다고 판단하면 남교사 할당제를 긍정적으로 바라본다.

반면에 여성이 역사적·사회문화적으로 받아온 구조적 차별을 시정하는 차원에서 제도가 운영되어야 한다고 판단하면 남교사 할당제를 부정적으로 인식한다. 할당제 논의의 원조는 미국의 '어퍼머티브 액션(Affirmative Action) 제도'이다. 이 시스템은 미국에서 차별받아 온 소수집단을 보상하는 차원으로 도입됐다. 다문화 사회로 재편되는 우리나라도 멀지 않은 미래에 이와 비슷한 제도가 도입될 수 있다. 이 제도에 대해 역차별에 대한 논란이 끊임없이 제기된다.

미국의 각 대학교는 이 제도의 시행으로 흑인과 히스패닉계는 혜택을 받지만 아시아계는 오히려 더 차별받는다는 주장이 있다. 남교사 할당제와 같은 맥락으로 개천에서 용이 날 수 있다는 속담을 대학 입시에서 현실화하겠다는 의지를 담은 기회균등 할당제가 있다. 지나친 결과적 평등을 지향하면 개인의 자율성과

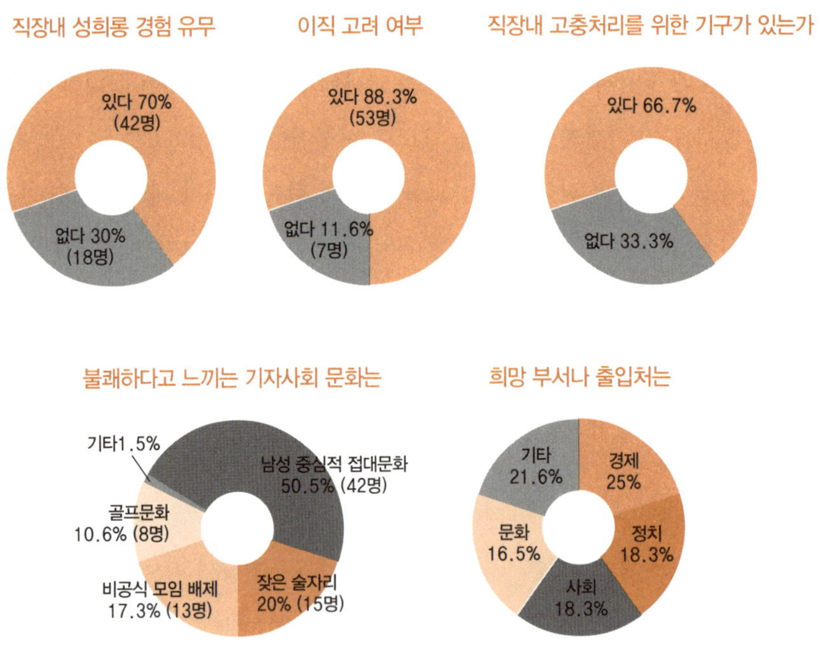

언론사 차별의식 조사

창의성이 쇠퇴해지고, 지나친 불평등은 사회 갈등 증폭의 원인이 되기에 할당제 논의는 적절한 균형점을 찾는 것이 중요하다.

〈강방식, 조선일보, 2008.4.16.〉

딸들아, 여성에게 맞는 직업은 따로 없단다

'세상의 모든 딸들'은 "엄마처럼 살지 않겠다"는 결심을 한번쯤 하며 큰다. 자식에게 부모는 가장 가까운 본보기라지만, 가족을 위해 희생만하거나 자기 목소리를 묻어둔 어머니의 삶은 세상으로 나아가려는 딸들에게 오히려 반면교사가 되기도 했다. 어머니와는 다르게 살고자 했던 딸들은 더 나은 교육 기회를 얻었지만 직업세계의 '유리천장'을 넘어서기는 어려웠다. 고학력이지만 일과 결혼 가운데 하나를 택할 수밖에 없었던 지금의 40~50대 여성들은 진로선택의 중요한 시기에 선 십대와 이십대 딸들의 어머니가 됐다. 이들은 이제 딸들에게 '마음껏 세상을 살아보라'고 격려하는 후원자이기도 하다.

이런 이들의 딸들이 약진하고 있다. 올해 초등학교 교사 임용시험 최종합격자 가운데는 여성이 86.3%에 이른다. 전통적인 여성 선호 직업이었던 교사 직종에서만이 아니다. 올해 신임 법관 가운데 70%가 여성이며, 신규 의사면허 취득자 가운데 여성 비율은 30%를 넘어섰다. 육·해·공군 사관학교의 수석도 매년 여생도가 차지하고 있다. 전문직에 여성들이 대거 진출하고 남성을 압도하는 현상에 언론은 '여풍'이라며 주목한다.

▲ 부각되는 여성의 사회적 진출과 성공

그러나 아직 현실은 그리 화려하지 못하다. 각종 전문직에 여성의 진출이 급격히 늘고 있으나 고위 임직원이나 관리자에서 여성 비중은 여전히 미미하다. 교사 대부분이 여성이라는 초등학교에서조차 여성 교장은 전체의 9.3%에 불과하다. 많은 여성들이 비정규직으로 일하며, 남녀 임금격차는 경제협력개발기구(OECD) 회원국 평균의 두 배를 넘는다. 여성 고학력자가 늘고 있지만 아직 직업세계에서 처지가 남성들에게 미치지 못하는 까닭은 노동시장에서의 성차별적 관행과 구조적으로 관련돼 있을 것이다.

한편으로 이 문제는 성별에 따라 직업의식이나 진로 준비 과정이 다른 데서 오는 까닭도 있다. 일례로, 초등학생을 대상으로 실시한 한 조사를 보면 여학생이 선호하는 직업은 교육계·의약계·예술계에 집중된 반면, 남학생이 선호하는 직업은 좀 더 다양했다. 여성에게 맞는 직업이 따로 있다는 인식이 여전하여 여학생들의 진로 선택 다양성이 떨어지는 것이다. 진로발달 과정의 차이도 있다. 초등학교 때는 여학생의 발달이 더 빠르다. 그러나 여성스러워져야 한다는 압박감을 느끼게 되는 10대 후반부터 소녀들은 자부심이 낮아지고 결과적으로 진로 선택에 부정적 영향을 받게 된다는 보고가 많다.

취업준비 과정에서 '취업 성차별'을 경험한 적 있습니까?

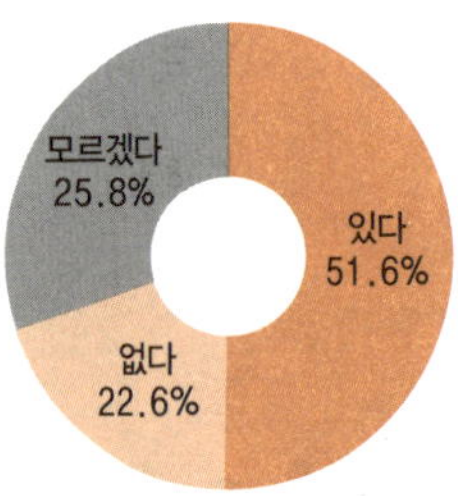

가장 많이 발생하는 취업 성차별 요인은?

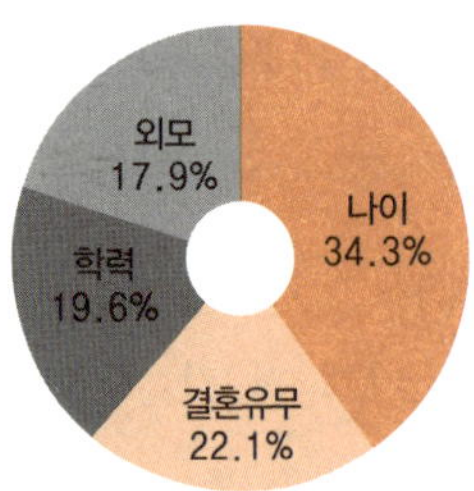

취업 성차별 문제를 해결하려면 어떤 조치가 필요하다고 보십니까?

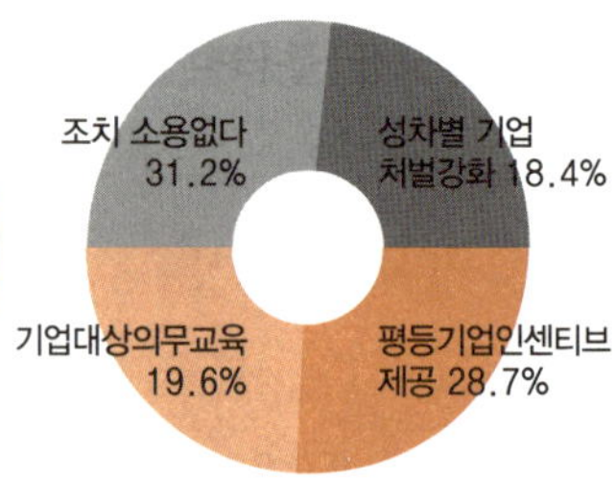

딸들이 사회의 영향력 있는 위치에서 당당히 제구실을 하길 원한다면 먼저 아이들을 그렇게 길러야 한다. 모험을 받아들이는 법, 경쟁상황에 대처하는 법, 남

성과 동료가 되는 법을 가르치고, 자신의 삶이 온갖 가능성에 열려 있다는 믿음을 가질 수 있게 해주어야 한다. 여성이 우주인도 되는 시대다. '여자 직업은 교사가 최고'라는 식의 고정된 성역할 인식을 부모가 먼저 넘어서야 한다.

〈정연순, 한겨레, 2008.4.20.〉

학과 : 학번 : 이름 :

5 성역할과 성차별
소통 마당

01 우리 가정에서 일어나는 성차별의 요소를 살펴보고, 어떤 점을 개선해야 할지 토론해보세요.

- 성차별의 요소

- 개선 방안

02 '딸들아, 여성에게 맞는 직업은 따로 없단다'를 읽고 성역할을 구별하여야 한다는 측면에서 그 내용을 반박해보세요.

- 남성에게 맞는 직업

- 여성에게 맞는 직업

• 그 이유는?

03 다음과 같은 '성 평등론'이 올바른지 생각해보고, 비판적인 입장에서 반론을 제기하고 그 근거를 들어보세요.

한반도는 주변에 온통 강대국으로 둘러싸여 있고, 남과 북이 갈라져 있습니다. 우리나라를 자주적으로 지키려면 외교력에 의지할 것이 아니라 이스라엘처럼 남녀가 모두 국방의 의무를 져야 한다고 봅니다. 여자는 출산을 해야 하니 군대를 못간다는 논리는 말이 되지 않습니다. 우리는 이미 세계 최저 출산율을 가지고 있기 때문에 모든 여자들에게 해당하는 말이 아닙니다.

또한 군대라는 곳은 반이성적인 곳임에는 틀림없지만, 전국에서 서로 다른 지역, 문화적 배경을 가진 젊은이들이 서로 공평하게 서로를 이해하는 과정을 겪습니다. 자아와 타인에 대해 친구나 부모, 학교의 도움 없이 스스로 하나가 되는 경험을 겪게 됩니다.

또 여자는 애를 낳아 키우기 때문에 군대에 안가도 된다는 주장도 비논리적입니다. 오히려 군대에 가서 신체도 단련하고, 규칙적인 생활을 하다보면 더 건강한 아이를 낳을 수 있는 거 아닌가요?

일단 여자들도 무조건 1년 반 정도 군대를 보내야 합니다. 군대를 정 가기 싫다면 의경을 선택할 수 있도록 하고, 공공 보육시설이나 병원 등에서 복무하도록 하면 일손이 부족한 곳에서 젊은 여성들의 도움을 받을 수 있으니 더 좋은 사회가 될 것입니다.

여자들을 군대에 보내면 지역이나 계층, 성별을 넘어선 사회통합, 젊은이들의 일자리 창출은 물론 탁아, 환자보호 등의 일손 부족 해결, 된장녀 제거, 군지원 업무의 개선 등 대한민국이 어려움을 겪고 있는 일이 일시에 해결될 것입니다. 국방의 의무를 지고 있는 이스라엘처럼 우리나라도 여자들이 군대에 가야 대한민국이 건강해질 수 있습니다.

- 반론 1 :
- 근거 :

- 반론 2 :
- 근거 :

- 반론 3 :
- 근거 :

04 다음과 같은 하위 논제들을 이용하여 '성역할과 성차별'에 대한 자신의 생각을 밝히는 글의 개요를 작성하세요.

〈하위 논제들〉

- 성역할은 있다 / 없다.
- 현재의 남자만을 대상으로 한 징병제는 성차별이다 / 아니다.
- 남자만 군대를 가는데도 가산점을 주지 않는 것 역시 남성에 대한 차별이다 / 아니다.
- 신체적 차이가 엄연하므로 성역할에도 차이가 있다. / 신체적 차이와 성역할 구분은 필연적 관계를 갖지 않는다.
- 성역할 구분은 교육과 사회화에 의해 일어난다 / 아니다.
- 여성이 육아와 가사에 특별한 소질이 있다는 것은 사실이다 / 아니다.
- 맞벌이 부부의 경우에도 육아와 가사가 여성에게 집중되어 있는
- 것은 차별이다 / 아니다.
- 남자가 군대 가고, 맞벌이 주부가 가사, 육아를 전담하는 것은 성차별이 아니라 성역할 수행이다 / 아니다.

〈주제문〉

〈제목〉

〈개요〉

I. 서론

Ⅱ. 본론

1.

1)

2)

3)

2.

1)

2)

3)

3.

1)

2)

3)

Ⅲ. 결론

07 다음의 하위 논제로 토론해보세요.

- 군 가산점 제도를 인정해야 한다.
- 교육계의 남성할당제는 평등권을 침해하는 것이다.
- 동성애자들이 결혼하여 아이를 입양하는 일은 아이의 성역할 학습에 문제를 일으키므로 동성부부의 입양은 법적으로 금지해야 한다.
- 아무리 부부가 평등한 시대가 되었다고 해도 아버지가 가장이라는 사실은 인정해야 한다.
- 여성에게는 특별히 모성 본능이 있다.

08 성역할의 고정 문제에 대한 본인의 생각을 본문의 내용을 바탕으로 제시해보세요.

6과

동성애와 소수자문제

동성애나 성적 소수자의 존재가 새삼스러운 일은 아니다. 그들은 역사적으로 늘 함께해왔으며 분명히 인류의 한 부분을 차지하고 있었다. 그것을 타락이라고 규정하고 비정상적인 인간으로 취급하면서 우리는 그들을 차별과 억압의 그늘로 몰아넣었다. 현대사회는 이러한 소수자들을 보호하고 존중해주고자 한다. 그것은 그들 역시 인간으로서의 삶을 영위하고 있으며, 범죄가 아닌 성적지향의 결과로 인해 차별을 받아서는 안 된다는 인식이 확산되었기 때문일 것이다. 그러나 이에 대한 반대 의견 또한 만만치 않다. 자연의 섭리를 어기는 비정상적인 성관계는 부도덕할 뿐 아니라 여러 가지 사회적 문제와 혼란을 야기시킬 수 있다는 입장이 그것이다. 그럼에도 불구하고 현재 여러 다른 나라에서는 그들을 위한 합법적인 제도 개선이 이루어지고, 사회적 지위를 부여하는 등의 노력이 이루어지고 있다. 현재에도 성적 소수자들의 입장을 이해하고 존중해주어야 하며 그들이 합법적인 삶을 살 수 있도록 도와주어야 한다는 의견과, 그들은 성적으로 불건전하며 비이성적이기 때문에 절대로 인정할 수 없다는 입장은 여전히 팽팽히 맞서고 있다. 제시문의 글들을 읽으면서 우리는 어떠한 시각에서 이들 소수자를 바라보아야 할지 생각해보고 자신의 입장에 대한 논리적 근거 또한 마련해보자.

트랜스젠더 전용 화장실 등장

성전환자(트랜스젠더)는 남자 화장실을 가야 할까, 여자 화장실을 가야 할까.

트랜스젠더에 관대한 태국의 한 고등학교에 급기야 트랜스젠더 전용 화장실이 생겨났다고 30일 영국 BBC방송이 보도했다.

태국 북동부의 캄팡 고등학교에는 남학생용 화장실과 여학생용 화장실 사이에 트랜스젠더용 화장실이 따로 있다. 이 화장실 앞에는 반은 남성, 반은 여성을 그려놓은 화장실 표시도 걸려 있다. 트랜스젠더 화장실은 여학생처럼 예쁘장하게 생긴 남학생들이 주로 사용한다. 이들은 트랜스젠더 화장실에서 머리를 빗거나 얼굴에 간단한 화장품을 바르기도 한다.

▲ 화장실 표지

이 학교가 트랜스젠더 화장실을 만들게 된 것은 매 학년 학생 가운데 10~20%에 달하는 트랜스젠더 때문이다. 이들은 성전환 수술을 받지 않아 물리적으로는 남성이지만 자신을 여성이라고 믿고, 또 그렇게 행동한다. 이 때문에 화장실 사용이 골치였다. 남학생 화장실을 이용하면 다른 남학생들로부터 놀림을 당하기 일쑤고, 여학생 화장실을 쓰면 다른 여학생들을 불편하게 만들었다. 그래서 학교 당국이 내놓은 해법이 '그들'만의 화장실이다.

트랜스젠더 화장실에 대한 반응은 좋은 편이다. 심지어 인근의 다른 학교들에서도 트랜스젠더 화장실 설치를 추진할 정도로 긍정적으로 받아들이고 있다.

트랜스젠더 학생인 비차이 생사쿨은 "사람들이 트랜스젠더로 사는 삶이 쉽지 않다는 걸 알았으면 좋겠다"면서 "학교가 이 같은 배려를 해줘서 너무 고맙다"고 말했다.

불교 국가인 태국 사회는 성적 소수자인 트랜스젠더에 대해 관대한 편이다.

이 때문에 10대 초반의 어린 학생들 가운데도 스스로 트랜스젠더라고 생각하는 경우가 많으며, 이들 상당수는 성인이 되면 성전환 수술을 받는다. 하지만 사회적 차별은 여전해서 직업 선택 등에 있어서 많은 제약을 받는다. 대부분의 트랜스젠더가 유흥산업에 진출하는 것도 이 때문이다.

〈안석호 기자, 세계일보, 2008.7.30.〉

동성애, 과학계선 '이해' 종교계는 '반대'

과학과 종교는 동성애를 어떻게 바라볼까

해외 과학계에서 동성애를 정신병 혹은 치유의 대상으로 바라보는 시각은 거의 사라졌다. 1973년 미국정신과의사협회는 모든 정신적·감정적 장애들을 수록한 공식 매뉴얼에서 동성애를 제외했고, 75년 미국 심리학회연합도 이를 지지하는 결의안을 채택했다. 아울러 90년엔 동성애자를 이성애자로 바꾸려는 전환 치료가 오히려 해가 된다는 공식입장도 내놓았다.

독일 출신 의학·생화학 박사인 레온 카플란은 저서 『모나리자 신드롬』을 통해 동성애의 선천적 요인을 밝혔다. 성중추들이 형성되는 임신 13~15째 주 태아에게 분비되는 남성 호르몬 테스토스테론의 농도에 따라 성애의 성향이 결정된다는 것이다. 따라서 그는 "동성애를 바로잡거나 바꿀 수 있으리라는 희망은 잘못된 것이다. 동성애의 특성을 이해하고 기정사실로 받아들인다면 동성애자의 건전한 사회적 삶을 용인하는 태도에 근접할 수 있을 것"이라고 주장한다. 종교계는 여전히 완고한 시선을 보낸다. 국내는 물론 해외의 보수적 개신교, 가톨릭 교단에서는 동성애가 신의 섭리에 어긋난다고 보고 격렬히 비판한다.

그러나 일부 진보적 교단에서는 동성애를 인정하기도 한다. 미국 웨스트조지아주립대학교 심리학과 교수인 다니엘 헬미니악이 쓴 『성서가 말하는 동성애』는

▲ 동성결혼을 옹호하는 모습

성서가 동성애에 대한 어떠한 판단도 내리지 않고 있다고 결론 내린다. 성서의 역사적 배경 해석, 고고학적 고찰을 거치지 않은 '문자주의 해석'이 동성애에 대한 박해를 낳았다는 것이다. 아울러 동성애자도 이성애자와 마찬가지로 성서의 도덕적 가르침을 충실히 지킨다면 예수 그리스도의 제자가 될 수 있다는 점을 강조한다.

제3시대 그리스도교 연구소 실장인 김진호 목사는 "성서는 동성애자 등 소수자에 대한 태도를 일일이 지적하지 않는다"며 "박해받는 자를 도와줬던 예수님의 삶의 방식을 떠올린다면, 소수자에 대해 취해야 할 기독교인의 태도를 짐작할 수 있을 것"이라고 말했다.

〈백승찬 기자, 경향신문, 2006.12.31.〉

순리적 자연질서를 찾습니다

캘리포니아 동성결혼 불법판정을 환영하며

지난 26일 미국 캘리포니아 주 대법원이 동성결혼을 금지하는 게 정당하다는 판결을 내렸다. 지난해 5월 동성결혼을 합법화한 지 1년 만에 판단을 뒤엎은 것이다. 캘리포니아 주 대법원은 이날 대법관 6 대 1의 찬성으로 동성결혼을 금지하는 주민발의안이 정당하며 이를 지지한다고 선고했다.

캘리포니아 주 대법원은 지난해 5월 동성결혼 반대 단체들이 제기한 소송을 4 대 3으로 기각하고 동성결혼을 합법화했으나, 다시 지난해 11월 동성결혼 반대 단체와 종교계가 제기한 주민발의안이 52%의 찬성률로 통과되면서 동성결혼은 금지됐던 것이다.(세계일보 5.28일 인용)

〈크리스천투데이〉(5월13일자)에 의하면 그리스 법원도 지난해 법의 허점에 의한 결과로 가능했던 첫 동성결혼을 무효화했다. 그리스 민법은 결혼하려는 커플의 성에 대해 특별한 규정이 없음에 지난해 한 동성애자 커플이 형사처벌 경고가 있었음에도 불구하고 결혼을 시도한 것이다. 이 결혼식은 그리스의 전체 90퍼센트의 결혼식을 거행하는 그리스 정교회에 의해 강하게 비판되었으며, 결국 그리스 사법부 역시 동성결혼이 불법임을 공포했던 것이다.

이미 선진사회일수록 동성애 운동은 인권차원을 넘어 정치세력화하면서 국가헌법 체계를 뒤바꾸고 있다. 현재까지 세계적으로 동성결혼을 인정하는 나라는 덴마크, 네덜란드, 노르웨이, 스웨덴, 헝가리와 체코, 독일, 핀란드, 스페인, 캐나다, 영국 등이 있으며, 미국에서는 하와이, 매사추세츠, 뉴햄프셔 주, 버몬트 주, 뉴욕, 캘리포니아가 동성결혼을 인정하고 있는 가운데 금번 미 캘리포니아의 동성결혼 불법판결이 나온 것이다. 우리는 금번 캘리포니아 동성결혼 불법판결을 '순리적 자연질서의 유지' 차원에서 환영하는 바이다. '남자'와 '여자', 그리고 이들의 결합으로 태어나는 '자녀' 로 구성된 '가정'은 순리적 자연질서의 전형이다. 근년 문제가 된 '광우병'도 채식을 해야 할 소에게 '도축된 소'를 사료로 먹여 동족식인(?)을 시킨 비인간적 행위에서 나온 것임을 염두에 둔다면 이도 곧 순리적 자연질서 위배에 해당한다.

따라서 이러한 숭고한 '가정'이 단순히 개인의 취향을 충족시키는 수단으로 전락하는 것을 방지하여 건강한 사회를 유지하기 위해 법으로 제한하는 것은 사회적 공익에 합당하다고 봐야 한다. 다만 '동성'적 취향은 인권적 차원에서 보호하고, '동성간 결혼'도 하나의 사적 '동거' 형태로 보면서 이를 극복하기 위한 각종 사회적 권익이 제공되어야 할 것이라고 본다.

사회가 혼탁할수록 남과 여, 그리고 자녀가 어우러지는 '가정'이란 순리적 자연질서는 더더욱 강화되고 육성시켜야 한다. 동성간 결혼, 단연코 안 된다.

〈김용승, 데일리리뷰, 2009.5.28.〉

'동성애' 방관만 할 것인가

"자극적 소재로 시청률 극대화하려는 상술" 비판

동성애를 소재로 한 드라마, 영화, 가요 등이 봇물을 이루고 있다. 유행에 민감한 젊은이들 사이에선 마치 동성애가 인간의 자연스런 사랑 행위의 한 범주로 간주하면서 당연시하는 분위기도 적지 않다. 이대로 가면 동성 간의 교제가 우리 사회에 곧바로 자리 잡을 것이란 우려섞인 전망도 나오고 있다. 이 같은 분위기의 배경에는 자극적인 소재로 대중의 인기를 극대화하려는 방송업계와 엔터테인먼트업계의 상술이 자리 잡고 있다는 비판이 많다.

동성애를 상업적으로 유행시킨 것은 지상파의 공로(?)가 가장 크다. SBS는 드라마 〈인생은 아름다워〉를 방영하면서 동성애를 주요 테마로 올려 톡톡히 재미를 보고 있다. 사회적 '금기'랄 수 있는 소재에다 지상파의 위력을 더해 재미를 보고 있지만, 그로 인한 사회적 영향이나 파장을 진지하게 고려하겠다는 입장은 아닌 것 같다. 더욱이 방송사는 인기 작가를 동원해 저급하다는 평이 나올 만한 소재를 유려하고 거부감없는 언어로 바꿔 비판 여론을 희석시키고 있다.

어찌됐건 젊은 시청자들은 '새로움'에 열광하고 있다. 이들은 "동성애자들의 커밍아웃과 사랑, 결혼 같은 것들에 대해 새로운 인식과 공감을 하게 됐다"며 "그들도 우리들처럼 누군가를 열렬히 사랑하는 똑같은 사람일 뿐"이라는 반응이 주류다.

지난달 27일 공개된 가수 제이환(J-Hwan)의 신곡 '떠나'의 뮤비 티저 영상은 두 남자 간 사랑이 매우 노골적으로 묘사돼 있다. 그동안 일부 가수들이 동성애를 암시하는 내용이나 장면을 담은 뮤직비디오를 내놓긴 했지만 동성애를 적극적으로 다루지 않았다. 요즘엔 오히려 사회적으로 민감한 테마를 선정함으로써 주목을 끌려는 의도를 노골적으로 드러내고 있다. 탤런트 유승룡은 방송사와의 인터뷰에서 "과거엔 꿈도 꾸지 못했던 소재를 안방 드라마가 다룰 수 있는 건 그만큼 드라마가 진화하고 있다는 걸 보여준다"고 했다. 대중문화평론가 정덕현 씨도 방송사와의 인터뷰에서 "과거보다는 사회 자체도 개방되고 있다는 것을 보여주고 있다"며 긍정적인 반응을 보였다. 우리 대중문화에 막 상륙해 둥지를 틀려는 동성애에 대해 젊은 층은 호기심어린 눈길로 바라보는 분위기가 지배적이다.

미국 등에서는 동성애에 대해 이미 지나간 퇴폐문화라는 시각이 우세한 가운데, 서유럽에서는 대부분 골치 아픈 사회문제로 취급되고 있다. 최근 미국 상원 군사위원회와 하원은 군대 내 동성애자에게 성적 정체성을 밝히지 못하도록 한 법안 폐지를 승인했다. 동성애를 인정한다는 취지의 법안이었다. 이 법은 빌 클린턴 전 대통령이 재임하던 1993년 발의됐다가 17년 만에 확정됐다. 미국 내 보수 시민단체와 종교계, 군 수뇌부 등에서는 이 법안의 폐기에 총력을 기울였으나 저지하지 못했다.

현재 한국 사회에서는 동성애를 사회적 병리 현상의 하나로 다뤄야 할지, 아니면 인간 사랑의 형태로 인식해야 할지 아직 논의조차 이뤄지지 않은 상황이다. 이런 분위기속에서 지상파 방송을 비롯한 대중문화 매체는 동성애를 삶의 단면으로 인식해 비판적으로 또는 미래 지향적으로 다루기보다는 매체의 이익에 부합되도록 제작되고 상품처럼 취급하고 있다는 것이다. 향후 동성애를 소재로 한 우후죽순식 저질 콘텐츠가 나올 개연성도 무시할 수 없다. 벌써부터 종교계 일각에서 우려섞인 목소리들이 나오고 있는 이유다. 과거 서커스단에서 유전적으로 문제가 있는 배우를 구경거리로 내세워 돈을 벌었듯이, 방송사와 작가들이 인간적 관점에서 조심스럽게 다뤄야 할 동성애를 막장 드라마의 소재로 삼고 있다는 것이다. 상업적인 목적을 위하여 소수자인 동성애자를 이용하는 행태는 지양돼야 마땅하다는 지적이다.

〈정승욱 기자, 세계일보, 2010.6.1.〉

사랑으로 포장된 '동성애'

지난해 서울광장에서 열린 퀴어축제 이후 동성애자들의 활동이 더욱 활발해졌다. 시청 앞 집회와 거리 퍼레이드에 기독교계가 반대한 이유도 바로 여기에 있다. 서울의 중심을 장악하면서 자신들의 정체성을 알리는 데 힘쓴 동성애자들은 '인권'과 '사랑'으로 자신들을 포장하며, 동성애가 가장 아름다운 사랑인 것처럼 외쳤다. 하지만 정작 거리에서 만난 그들의 축제는 혐오감을 불러일으키기에 충분했다.

안타깝게도 이미 한국사회는 동성애에 점령당했다고 해도 과언이 아니다. 2013년 이후 인터넷 커뮤니티도 기하급수적으로 생겨나기 시작했다. 음지에서 활동하던 동성애자들이 이젠 양지에서 목소리를 높이고 있다. TV를 틀면 커밍아웃을 한 동성애자가 출연하고 드라마, 예능 가리지 않고 동성애 소재가 감초 역할을 한다. 우리 사회가 이미 동성애의 공격에 노출됐고, 밀려오는 파도를 막을 길이 없는 상황이다.

동성애를 반대하는 사람은 '반인권'으로 몰리는 아이러니한 시대, 한 용감한 기자가 동성애와 동성혼의 실체를 파헤치는 책을 썼다. 동성애 반대에 목숨을 걸고 앞장서고 있는 국민일보 백상현 기자가 철저한 조사와 통계를 바탕으로 써내려간 『동성애 is』(미래사 간)는 동성애자들의 주장을 정면으로 반박하며 그 왜곡된 실체를 신랄하게 파헤친다. 동성애자들의 커뮤니티 속에 고백된 수많은 대화와 고민들을 통해 그들이 감추고자 했던 동성애의 실체를 책의 앞부분에 배치함으로써 동성애와 에이즈의 연관성을 먼저 주장하고 나선다.

백 기자는 에이즈 감염자 통계를 통해 반박 논리를 찾아냈다. 2014년 대한민국에서 생존하고 있는 에이즈 감염자 8,885명 가운데 남자가 92.4%이고, 여자가 7.6%라는 것. 동성애자들은 주사바늘을 통한 감염, 수혈을 통한 감염이 더 많다고 주장하지만 질병관리본부 발표에 따르면 2014년 국내 신규 에이즈 감염자 1,081명 중 수혈, 혈액제제에 의한 감염사례는 없었으며, 여성 1명이 수직감염(산모가 출산에 의해 자녀에게 감염시킨 경우) 됐다고 밝혔다. 나머지는 모두 성 접촉에 의해 감염된 것이다. 그리고 그중 남자가 1,016명으로 여자감염자보다 무려 15.6배나 많았다.

▲ 에이즈의 위협을 강조하는 CDC 포스터

안타까운 것은 동성애가 에이즈로 직결된다는 사실을 통계와 과학으로 확인할 수 있음에도 불구하고 '사랑'으로 포장되어 젊은 층에게 깊숙이 침투하고 있다는 사실이다. 동성애에 반대하는 사람들은 '낡은 보수'로 여겨지고 고리타분한 '꼴통' 취급을 받는 시대가 도래하고 있는 것이다.

백상현 기자는 연령이 낮을수록 동성애에 관대한 한국사회에 대한 우려를 드러냈다. 한국갤럽이 지난 2014년 전국 만 19세 이상 남녀 1,500명을 대상으로 진행한 조사에서 '남자끼리 또는 여자끼리의 동성애도 사랑의 한 형태'라는 질문에 24%가 '그렇다'고 응답했다. 연령대에 따라 동성애에 대한 긴장감은 완전히 달라진다. 60세 이상은 10%만 사랑이라고 인정한 반면, 20대는 44%가 동성애를 긍정적으로 여겼다.

이 같은 통계는 본지가 글로벌리서티에 의뢰, 전국 중고생 1,000명을 대상으로 실시한 종교의식조사에서도 선명하게 나타난 바 있다.

청소년들이 동성애에 우호적으로 변화되는 또다른 중요한 원인은 교과서에 있다. '생활윤리' 교과서에서 성적 소수자를 비정상적으로 취급하는 것이 반인권적이라고 기술하고 있고, 성정체성을 존중받으며 살아갈 권리가 있음을 강조한다. 동성애가 어떠한 위험성을 내포하고 있는지는 전혀 알려주지 않는다.

심지어 국가인권위원회는 대놓고 동성애와 에이즈가 관련이 없다고 반박하며 그들의 주장에 힘을 실어준다. 동성 간 성접촉에 의해서 에이즈가 발생한다는 주장이 터무니없다고 국가인권위원회 기획홍보물을 통해 주장하고 있다.

그러나 가천대 길병원 박재형 교수는 "2007년 유엔 에이즈 보고서에 따르면 중남미 지역에는 160만 명의 에이즈 환자가 있고, 에이즈 환자의 절반 정도는 동성애를 통해 감염되는 것으로 나타났다"고 자신의 글을 통해 적시하고 있다. 그는 "남성 동성애자가 에이즈에 걸릴 확률은 남성 이성애자에 비해 약 750배 높음을 알 수 있다"며 에이즈 확산의 주요 원인으로 지적했다.

의사 등 보건의료에 종사하는 전문가들이 이미 동성애와 에이즈의 연관성을 인정하고 심각한 우려를 표하고 있음에도 불구하고 국가는 '차별금지법'을 통해 동성애에 대한 반대여론을 원천적으로 차단하고 있다. 이러한 움직임은 동성결혼 합법화 논쟁으로까지 이어지고 있다.

지난 2013년 남남 결혼식을 진행한 19살 차이 김조광수 씨와 그의 파트너 김승환 씨는 서대문구청에 혼인신고서를 제출했다. 서대문구청은 당연히 혼인신고를 받아들일 수 없다고 통보했다. 통상적 남녀의 결혼을 벗어난 범위였기 때문이다.

그러자 이 두 사람은 소송을 제기했다. 서대문구청이 관련 법령을 잘못 해석했다는 것. 헌법 제36조 1항은 '혼인과 가족생활은 개인의 존엄과 양성평등을 기초로 성립되고 유지되어야 하며 국가는 이를 보장한다'고 명시되어 있다. 그러나 이들은 헌법에 나오는 '양성'을 남녀평등이 아닌 성평등(Gender Equality)로 확대 해석하면서 생물학적 남성과 여성의 결합으로 결혼이 한정되지 않는다고 주장하는 것이다.

하지만 지난 2011년 대법원 전원합의체는 성전환자 A씨가 성별정정을 요구하는 소송에 "혼인이란 남녀 간의 육체적·정신적 결합으로 성립하는 것으로서 우리 민법은 이성간의 혼인만 허용하고 동성 간의 혼인은 허용하지 않고 있다. 그런데 현재 혼인 중에 있는 성전환자에 대하여 성별 정정을 허용할 경우 법이 허용하지 않는 동성혼을 외관으로 현출시켜 결과적으로 동성혼을 인정하는 셈이 된다"며 성별정정을 허용하지 않는 판결을 내렸다. 즉, 헌법을 바꾸지 않는 한 동성결혼은 허용될 수 없다.

놀라운 것은 숱한 자료와 근거에도 불구하고 동성애자들은 물러날 기색이 없다는 점이다. 백상현 기자는 "동성애자들은 약자의 논리로 자신들이 차별의 영역에서 피해를 입는다고 하지만 실제로는 자신들의 선택에 대한 결과를 책임지는 모습이 필요하다"고 지적했다.

동성애자들의 공격과 주장은 더욱 거세질 것이다. 문제는 이들을 막아내지 못할 경우 종교의 자유와 전통적 결혼의 지지가 차별당할 수 있다.

백 기자는 대한민국이 에이즈 예방을 위해 반드시 풀어야 할 과제를 명시했다. △국가인권위원회법, 학생인권조례, 시민인권조례 등의 차별금지 사유에 포함된 '성적 지향' 삭제 △중고등학교 교과서 중 동성애자의 인권과 관련된 편향적 서술 및 에이즈와의 상관성 적시 △남성 동성애자와 에이즈의 밀접한 상관성을 국민들에게 제대로 알리지 않는 질병관리본부, 에이즈 예방단체 고발 및 정보공개 촉구 △한국기자협회의 '인권보도준칙' 중 '성적 소수자를 에이즈 등 특정 질환과 연결짓지 않는다'는 조항 삭제 △남성 동성애자의 중독을 치유 회복하기 위한 전문 상담기관 운영 △남성 동성애자의 에이즈 검사 의무화 및 찜방 단속 △동성애·에이즈 예방 재단, 성과학연구소 설립 △초중고등학생을 위한 건전 성문화 강사 육성 및 파송 등이다.

〈이현주 기자, 기독교연합신문, 2016.2.4.〉

동성애 분열국

동성애를 '정신질환'이나 '성적 변태'로 취급했던 우리 사회 주류의 인식에 많은 변화가 있었다. '커밍아웃'을 하는 연예인·정치인이 생겨나고, 동성애를 주제로 한 영화나 TV 드라마가 인기를 끈다. 한국표준질병분류(통계청)나 성교육 교사용 지도지침서(교육부)는 동성애를 질환이 아니라 '성적 지향'으로 규정하며, 국가인권위원회법은 '성적 지향'을 이유로 한 평등권 침해를 차별로 규정한다.

그러나 이러한 변화의 외피를 한 꺼풀만 벗겨보면 상황은 다르다. 동성애자에 대한 편견은 사회 곳곳에 뿌리 깊게 박혀 있으며, 동성애자에 대한 공공연한 또는 은밀한 비난과 폭언은 쉽게 접할 수 있다. 학교·직장·군대 등에서 동성애자임을 밝힌 사람이 어떠한 대우를 받을지 상상해보라. 동성애 커플은 민법상 배우자로 인정되지 않으므로 재산, 연금, 사회보험 등에서도 문제가 발생한다. 게다가 동성애자임을 '아우팅'시키겠다고 협박하고 금품을 뜯는 범죄까지 종종 벌어진다.

노무현 정부 하에서 국가인권위원회의 입법 권고로 정부가 '차별금지법'을 추진했지만, 보수 기독교계는 금지되는 차별 사유에서 동성애를 삭제할 것을 요구했고, 이후 이 법의 제정은 지지부진해졌다. 동성애를 이유로 차별을 하라는 것이 진정 예수님의 가르침이던가.

▲ 암스테르담의 게이 프라이드

반면 장구한 기독교 전통을 가진 유럽 국가들의 모임인 '유럽연합'은 1997년 암스테르담조약을 통해 성적 지향을 이유로 한 차별을 금지하는 것을 회원국의 의무로 만들었고, 2000년 '유럽평의회' 의회는 유럽 각국에 대해 동성애자 차별 금지, 학교·병원·군대·경찰 등에서 동성애 혐오를 없애는 교육을 할 것, 그리고 동성 커플을 합법화하는 법률을 제정할 것을 요구한 바 있다. 이러한 요구는 경제협력개발기구(OECD) 급의 나라에서는 거의 다 실현되어 있다. 가까운 대만도 이 요청을 수용하는 법을 제정했다.

'퀴어 퍼레이드'의 화려함과 독특함을 보는 것은 즐기면서도 자신 바로 옆의 동성애자는 용인하지 못하는 우리의 분열된 머릿속은 정돈되어야 한다.

〈조국, 한겨레21, 2008.8.8.〉

"동성애자 넘어 여성의 승리"

아이슬란드 '동성애자 총리' 취임에 세계인권단체 환호

동성애자로서는 세계 첫 국가수반인 요한나 시구르다르도티르(67) 아이슬란드 총리가 1일 공식 취임함으로써, 동성애자들의 사회, 정치적 진출에 새로운 장이 열렸다.

그의 취임에 유럽뿐만 아니라 전 세계 동성애자 단체들은 환호를 보내고 있다. "동성애자뿐만 아니라 여성의 승리다. 이를 모든 이들을 위한 승리로 만들어야 한다." 스페인의 '남성 동성애자·여성 동성애자·성전환자·양성애자' 연합의 실비아 젠 총장은 시구르다르도티르를 축하하기 위해 할 수만 있다면 레이캬비크행 다음 비행기를 타겠다며 기뻐했다. 벨기에 브뤼셀에 있는 국제 여성 동성애자·남성 동성애자 협회(ILGA)의 쥬리스 라브리코브스는 비비시(BBC)에 "하룻

▲ 요한나 시구르다르도티르

밤 사이 어떤 변화가 오진 않겠지만 무시될 수 없는 신호를 보낼 것"이라며 "아이슬란드는 다른 성적 지향을 지닌 이들에 대한 편견을 극복한 훌륭한 사례"라고 말했다.

영국의 게이·레즈비언 권리옹호 단체 '스톤월'의 대변인 게리 넌은 시엔엔(CNN)에 "자신을 공개적으로 동성애자라고 밝힌 총리를 갖는 것은 정말로 중요한 일이자, 하나의 초석"이라고 말했다. 영국에선 불과 40년 전인 1967년까지만 해도 남성 동성애가 불법이었다.

영국 보수당에서 1979~1986년 의원을 지냈고 지금은 칼럼니스트로 활동하는 매튜 패리스는 "당시 늘 '사람들이 알면 세상이 무너질 것'이란 상상을 했었다"며 "동성애자 정치인들은 여전히 자신의 성적 지향을 밝히길 두려워하고 있다"고 말했다. 그는 앞으로 10년쯤 지나면 영국 정치판에서도 동성애자가 최고 지위에 오르는 데 어떤 장벽도 볼 수 없을 것으로 밝게 전망했다.

프랑스에선 지난주 처음으로 자신을 동성애자라고 밝힌 로게 카루트쉬가 장관으로 임명됐다. 실비아 젠은 스페인에서 요즘 동성애자라는 사실은 정치에서 어떤 장점도 단점도 아니라고 말한다. 동성애 거부감이 컸던 옛 소비에트연방의 라트비아에서조차 일부 정당들이 동성애자 단체에 다가가, 후보 출마를 얘기할 정도로 세상은 '많이' 변했다.

비비시는 "시구르다르도티르의 등장은 이미 다른 많은 유럽의 정치 지도자들로 하여금 그들의 편견과 마주하도록 하고 있다"고 전했다. 시구르다르도티르는 최근 여론조사에서 73%의 높은 지지율을 얻고 있다. 그는 2002년 기자 겸 극작가인 요니나 레오스도티르와 시민동반자로 결합해, 전 남편과 사이에 낳은 두 아들과 함께 살고 있다.

〈류이근 기자, 한겨레, 2009.2.2.〉

학과 : 학번 : 이름 :

6 동성애와 소수자 문제
소통 마당

01 읽기 마당의 글을 읽고 동성애에 대한 과학계, 법조계, 종교계의 입장을 정리해보세요.

과학계	법조계	종교계

02 한국 대중문화 속에 나타난 동성애를 찾아보고 그에 대한 시각을 구체적으로 예시해보세요.

03 동성애 문제를 드러내놓고 논의하는 것이 청소년 교육에 유해하다는 주장이 있습니다. 여기에 대한 당신의 생각을 적어보세요.

04 홍석천, 조지 마이클, 리키 마틴과 같이 동성애자임을 밝히는 연예인에 대해 어떻게 생각하는지 말해보세요.

05 동성애에 대한 사회적 관심은 커졌으나 상업적 호기심과 흥미 수준에서 벗어나지 못하고 있는 것이 사실입니다. 현실적인 차원에서 동성애자에 대한 우리의 인식은 어떠한지 주변 사람들의 의견을 청취해보고, 자신의 솔직한 의견을 이야기해보세요.

06 '정치적 올바름(Political Correctness)'에 대해 들어본 적이 있나요? 인터넷 등을 통해 조사해 알아보고, 동성애자 문제에도 이것이 적용될 수 있는지 생각해 보세요.

> 예 정치적 올바름(Political Correctness) : 말의 표현이나 용어의 사용에서, 인종·민족·종교·성차별 등의 편견이 포함되지 않도록 하자는 주장을 나타낼 때 쓰는 말이다. 특히 다민족국가인 미국 등에서, 정치적(Political)인 관점에서 차별·편견을 없애는 것이 올바르다(Correct)고 하는 의미에서 사용되게 된 용어이다.

① 에스키모(날고기를 먹는) → 이누이트, 유픽, 알류트

② 성서의 '형제' → 형제자매

③ 스튜어디스(Stewardess) → 플라이트 어텐던트(Flight Attendant)

07 동성애자에 대한 법적 보호와 인권 강화가 왜 필요한지에 대한 근거를 세 가지 이상 들어보세요.

근거 1	
근거 2	
근거 3	

08 위에서 정리된 것을 근거로 삼아 동성애에 대한 자신의 입장과 생각을 한 편의 글로 써 보세요.

제목

서론

본론

결론

제2부

표현을 위한 이론 마당

1과

우리말과 글의 이해

01 한글과 우리말

인간의 중요한 특징으로는 직립보행, 불의 사용과 더불어 언어의 사용을 빼놓을 수 없다. 인간은 원래 자기표현의 욕구를 가진 동물이므로 그림이나 음악 등 여러 가지 표현의 도구를 가지고 있다. 그중 하나인 언어는 인간이 사회적 동물로서 모여 살게 됨으로써 의사소통의 도구로서 이용되어 더욱 정교하게 발달하였다. 인간의 언어는 자기표현의 욕구와 의사소통의 필요를 동시에 만족시키는 수단으로 발전하게 된 것이다.

한민족은 공통의 문화와 관습, 그리고 공통되는 신체적 특징들을 가지고 있지만 무엇보다도 한국어라는 같은 언어를 공유하고 있다는 데에서 하나의 민족으로 구분지을 근거를 갖는다. 한국어는 한반도뿐만 아니라 미국, 일본, 중국, 옛 소련의 영토 등 우리의 교포가 모여 있는 곳이면 잊히지 않고 사용되는 우리 민족의 언어이다. 한민족은 한국어라는 음성 언어 외에 '한글'이라는 문자 언어까지도 가지고 있는, 언어적인 면에서는 남부러울 것 없는 민족이다.

개인뿐만 아니라 세계의 여러 나라와 민족을 보더라도 음성 언어만을 가진 민족이 있고 음성 언어와 문자 언어를 같이 가진 민족이 있다. 지구상에는 수천 개의 음성 언어가 있지만 문자 언어는 고작해야 수십 개에 불과하다. 그래서 음성 언어만 있는 경우에는 음성 언어가 갖는 시간적·공간적 제약을 메꾸기 위해 남의 나라 문자를 빌어다 쓰는 경우도 많다. 한글 창제 이전, 우리 민족도 우리의 독자적인 문자 언어가 없었기 때문에 우리의 음성 언어와도 맞지도 않는 한자를 빌어다 천오백여 년 동안이나 써온 바 있다. 이 같은 괴리를 인식하고 우리 음성 언어에 맞는 문자 언어를 만든 것이 바로 '훈민정음'이다. 이런 면에서 우리 민족의 독창성은 세계에 자랑할 만하다.

02 우리말의 어제와 오늘

1) 우리말의 특징

먼저, 국어는 유형론적으로 교착어(膠着語, Agglutinative Language)에 속하는 언어이다. 예를 들어, 서술어가 나타내는 행동이나 상태에 대한 여러 체언들의 자격을 영어나 불어 같은 인구어들은 그 자리 자체가 말해주지만 국어는 바로 격조사라고 하는 꼬리표(tag)가 나타내준다. 서술어와 관련되어 나타내어질 수 있는 것들도 역시 서술어 어간 뒤에 꼬리표들이 붙어 나타내어진다. 곧 문장의 종류나 청자에 대한 대우 등급 등은 어말어미들로 표현되며, 시제(-았-), 가능성(-겠-), 주체에 대한 존칭(-시-) 등이 모두 선어말어미들로 표현되는 것이다. 따라서 여러 가지의 의미를 나타내야 할 경우에는 여러 개의 꼬리표가 같이 나타나게 된다.

이를 영어와 같은 굴절어와 비교하여 보면 다음과 같다. 체언이 서술어에 대해 주어 역할을 하는지 목적어 역할을 하는지, 격(格, Case)은 영어의 경우에는 어순에 의해 드러나지만, 국어는 어순과는 상관없이 주어 역할을 한다는 표지, 목적어 역할을 한다는 표지 등이 상관되는 체언 뒤에 붙어 나타내어진다.

(01) a. Mary loves Tom.

a′. Tom loves Mary.

b. 철수가 영희를 사랑한다.

b′. 철수를 영희가 사랑한다.

또한 화자에 의한 양태 표현은 영어의 경우 조동사라는 별개의 단어에 의해 표현되지만, 국어에서는 서술어 뒤에 붙는 선어말어미에 의해 표현된다.

(02) a. He would have arrived now.

b. 그가 지금쯤 도착했겠다.

영어에는 'if, because, though' 등 별개의 단어로 표현될 것들도 국어에서는 '-면, -니까, -지만' 등의 연결어미에 의해 표현된다.

국어에 다양하게 존재하는 여러 가지 조사와 선어말어미, 어미들은 바로 이러한 국어의 교착어적 특질에 말미암은 것이다. 그래서 다음과 같이 여러 개의 조사나 어미가 중첩된 문장도 국어에서는 얼마든지 가능하다.

(03) a. 서울에서부터조차도 아무 연락이 없다.

b. 너의 어머니는 젊으셨을 때 미인이시었겠더구나.

(03a)에는 체언에 각기 다른 의미 기능을 가진 4개의 조사가 덧붙어 있으며, (03b)에는 역시 각기 다른 의미 기능을 담당하는 6개의 어미가 붙어 있다. 이런 교착어적 특징으로 인해 국어는 상대적으로 자유로이 어순을 갖는다. 체언의 자격이 조사에 의해 정해지기 때문에 어느 위치에 있어도 기능이 변할 염려가 없기

때문이다.

둘째로, 국어는 단어가 배열되는 데 있어서 서술어가 문장의 마지막에 온다는 통사적 특징을 갖는다. 문장에서 가장 중요한 성분은 서술어이다. 서술어를 중심으로 그와 관계되는 여러 가지의 체언들이 존재하게 되며, 다시 그들에 의해 수식어인 관형어나 부사어가 필요하게 되는 것이다. 가장 중요한 서술어가 문장의 맨 마지막에 위치하게 되므로 '한국말은 끝까지 들어봐야 한다'는 말도 생겨난 것이라 볼 수 있다.

(04) a. 나는 어제 동생과 그 식당에서 저녁을 먹었다.

b. I ate dinner with my sister at the restaurant yesterday.

이렇게 중요한 성분이 뒤에 위치하게 되는 국어의 특질은 수식어와 피수식어의 순서에서도 찾아볼 수 있다. 국어에서는 수식을 받는 성분이 수식하는 성분의 뒤에 위치하게 된다.

(05) a. 내가 살던 마을 (the village where I lived)

b. 그는 빨리 뛴다. (He runs fast.)

(05)에서 보이는 것처럼 국어는 영어와 달리 체언을 수식하는 관형어이든 용언을 수식하는 부사어이든 모두 중심이 되는 피수식어 앞에 수식어가 오는 것을 볼 수 있다.

마지막으로 국어는 상황이 언어 표현에 직접적인 영향을 끼치는 화용적(話用的, Pragmatic) 특징이 강한 언어이다. 먼저 국어에서는 상황에 의해 설명되는 요소가 잘 생략된다. 국어를 발화할 때에는 상황에 반드시 존재하게 되는 화자나 청자, 곧 1인칭이나 2인칭 주어는 잘 표현되지 않는다.

(06) a : (너는) 집에 가니?

b : 응, (나는) 도서관에 들렀다 집에 바로 갈 거야. (너는) 안 가?

c : (나는) 더 있다 갈게. (너는) 잘 가.

국어에 특히 경어법이 발달해 있는 것도 국어의 화용적 특성에 말미암은 것으로 설명할 수 있다. 경어법은 나이나 직위, 항렬 등에 따른 상하 관계나 혹은 친소(親疎) 관계 등에 따라 그 상용이 결정되는 것으로 이와 같은 실제 세계에서의 다양한 관계들이 국어에서는 그대로 반영되고 있는 것이다.

또한 국어에서는 서술어가 나타내는 동작의 주체가 주어가 되는 것이 전형적이라는 점도 국어의 화용적 특질에 말미암는 것으로 볼 수 있다. 국어에서는 "요즘에는 콜라가 학생들에 의해 많이 마시워진다."와 같은 무생물 주어를 이용한 피동문이 자연스럽지 않다는 점이 바로 그런 특징을 잘 말해준다. 근래 이와 같은 표현이 늘어나는 것은 영어와 같은 서구어의 영향이라고 볼 수도 있을 것이다.

2) 한글 맞춤법의 원리

한글이라는 문자를 운용하는 문자 체계의 백미는 그것이 비록 하나하나의 음소 단위로 만들어진 음소 문자이지만 음절 단위로 모아서 쓰도록 되어 있는 점이라는 주장이 있다. 세계의 문자는 우선 그 문자가 소리와는 상관없이 뜻을 나타내고 있는가, 뜻과는 상관없이 소리를 나타내고 있는가에 따라 표의 문자(表意文字, 뜻글자)와 표음 문자(表音文字, 소리글자)로 나누어진다. 한자는 표의 문자이며 우리 한글이나 로마자, 일본의 가나와 같은 문자들은 모두 표음 문자로서 가능한 한 실제 소리에 가깝게 어떤 소리든지 표음할 수 있다. 물론 한자도 그 뜻은 상관없이 문자 하나하나가 가지고 있는 소리만을 이용해 표음하려 한다면 못할 것도 없다. 'Coca Cola'를 '可口可樂'이라고 적은 것은 사실 표음 위주로 하면서 가능한 그에 어울리는 의미를 찾은 것이라고 할 수 있다.

소리를 나타내는 표음 문자는 그것이 표음하는 그 단위가 음절이냐 음소냐에 따라 음절 문자와 음소 문자로 나뉠 수 있다. 일본 문자 '가나'는 음절 문자인 것으로 볼 수 있지만 로마자나 한글은 음소 문자이다. 음소 문자는 매우 분석적인 바탕에서 소리의 최소 단위에 대해 문자를 마련한 것으로서 한글의 과학성을 주장하는 또 하나의 근거가 여기에 있다. 그러나 문자의 기능적인 측면을 고려할 때에 과연 표음 문자, 특히 음소 문자가 좋은 것인가 아니면 표의 문자가 좋은 것인가에 대해서는 논의의 여지가 있다.

앞에서 언급한 대로 우리는 음성 언어(音聲言語, Spoken Language)와 문자 언어(文字言語, Written Language)를 가지고 있다. 종래에는 문자 언어가 음성 언어보다 늦게 생긴 것이므로 문자 언어는 단지 음성 언어를 보조하는 기능을 잘 수행하기만 하면 된다고 생각해왔다. 그런 생각의 연장선상에서는 음성 언어를 최대한 잘 나타내줄 수 있는 음소 문자가 가장 우월한 것일 수 있다. 그리고 문자의 역할이 그리 크지 않을 문자 생활의 초기에는 실제로 그러할 수도 있다. 그러나 현대 생활에서 문자 생활의 비중은 말할 수 없이 크다. 어떤 경우에는 질적으로 이제 더 이상 문자는 음성 언어를 보조하는 간접 기호가 아닌 것이다. 이제 음성 언어가 청각을 가지는 언어라고 할 수 있다. 문자가 소리를 통해서만 개념을 획득하는 간접 기호로서의 역할만을 한다면 문자 기호의 표음성이 절대적으로 요구되겠지만, 문자가 시각을 매개로 하여 곧바로 개념과 연결될 수 있는 직접 기호로서의 역할에 충실하자면 표음성보다는 문으로 보아 바로 뜻을 알 수 있는 표의성(表意性)을 가지는 것이 더 좋을 것이다. 표음 문자인 한글이 어떻게 하면 표의성을 획득할 수 있을 것인지 살펴보자.

초성, 중성, 종성의 각 음소 단위에 대해 문자를 마련한 한글의 경우 그 음소들은 어떻게 배열하느냐에 따라 다음과 같은 세 가지 방법이 가능하다.

(07) a. 음소 단위 표기 방식(풀어쓰기) : 'ㄲㅗㅊㅡㄹ , ㄲㅗㅊㅂㅜㅌㅓ, ㅅㅏㄹ ㄱㅜㄲㅗㅊㅣㄹㅏㅁㅕㄴ'

b. 음절 단위 표기 방식(모아쓰기), 連綴(이어적기) : '꼬측, 꽃부터, 살구 꼬치라면'

c. 음절 단위 표기 방식(모아쓰기), 分綴(끊어적기) : '꽃을, 꽃부터, 살구 꽃이라면'

먼저 (07a)와 같이 음소들을 나오는 순대로 죽 배열하는 방법이 있을 수 있다. 실제 로마자는 그러한 배열법을 가지고 있다. 그러나 훈민정음의 창제자들은 음소 단위로 나열하는 방식보다는 (07b)와 같이 음소들을 하나의 음절 단위로 모아서 쓴 방법을 취했는데, 물론 한자와의 호환(互換)을 염두에 둔 것이라는 비판이 있기도 하지만 이것이야말로 음소 문자를 가지고 표의성, 곧 시각성(視覺性)을 구현하는 데에는 더할 나위 없이 필요한 방법이었던 것이다.

현대 국어의 표기법은 시각성을 더욱 강조하고 있다는 점에서 중세 국어의 표기법과 차이를 보인다. 중세 국어의 표기법이 모아쓰기를 하고 있기는 하되 소리 나는 대로의 음절 단위로 모아쓰는 연철의 방법을 취한다면, 현대 국어는 (07c)와 같이 보다 적극적으로 한 형태를 최대한 고정시키는 모아쓰기를 하고 있다. 표기법 원리상 (07a, b)와 같이 소리에 충실한 표기법을 음소적 표기법(音素的 表記法)이라 하고, (07c)와 같이 소리와는 달라지더라도 같은 뜻을 가지는 형태를 항상 고정시키는 표기법을 형태음소적 표기법(形態音素的 表記法), 줄여서 형태소적 표기법이라 한다. 음소적 표기법은 표음주의적 태도를 가지는 것이며, 형태소적 표기법은 표의주의적 태도를 가진다고 할 수 있다.

이와 같은 두 가지의 표기법 태도는 특히 국어의 종성 표기를 어떻게 하느냐 하는 문제와 관련이 깊다. 연철이냐 분철이냐의 문제는 앞 음절의 마지막 소리가 자음이고 뒤 음절이 모음으로 시작될 때의 문제이다. 그런데 어떤 종성 소리의 경우 뒤에 아무 소리도 오지 않거나 뒤 음절의 첫소리가 자음일 때, 곧 진정한 종성 위치에서는 그 소리값이 제대로 드러나지 않는 경우가 있다.

(08) 우리 밭. 밭도 넓기도 하다

(08)에서 '밭'의 종성 소리 'ㅌ'는 제대로 소리 날 수 없다. 이 경우 소리 나는 대로 적는 음소적 표기법에 따른 다면 '우리 받, 받도 널다'와 같이 실제 실현된 소리대로 적어야 할 것이다. 그렇다면 'ㅈ, ㅊ, ㅋ, ㅌ, ㅍ, ㅎ'와 같은 소리들이 받침에 쓰이는 예는 결코 볼 수 없을 것이며 이것이 중세 국어의 표기법이다. 곧, 중세 국어의 표기법은 모아적기는 하였으되 연철을 하거나 종성 표기는 실제로 소리 나는 것만을 표기한다든지 하여 소리를 최대한 표기에 반영하는 음소적 표기법 원리를 취한 것이다.

그러나 현대 국어의 맞춤법은 시각성의 구현을 지향한다. 같은 의미를 가지는 형태들을 가능한 고정시켜 분철할 뿐만 아니라 제대로 소리 나지 않는 조성도 표기하는 것을 원칙으로 한다.

(09) a. 흙이, 흙도, 흙만

b. 웃어라, 웃더라, 웃는다.

우리가 현재(09a)와 같이 표기하는 체언형들은 실제로는 각각 '흘기, 흑도, 흥만'으로 소리 나며, (09b)와 같은 표기하는 용언형들은 '우서라, 운더라, 운는다' 등으로 소리 난다. 중세 국어의 표기법으로는 이 실제 소리대로 표기해서 한 가지 의미를 가진 단어가 환경에 따라 '흙, 흑, 흥' 등으로 표기되는 셈이지만, 현대 국어에서는 실제 소리와는 멀어지더라도 '흙'과 같이 집합성이 있는 한 모양으로 고정시켜서 눈으로 보아 보다 더 쉽게 그 뜻을 파악할 수 있는 표기법을 취하고 있다. 이것이 표음 문자로서 표의 문자의 장점까지도 살릴 수 있는 길이라고 할 수 있다. '어린 백성'을 고려한 훈민정음 창제 당시에는 소리대로 적는 음소적 표기법이 더 알맞은 표기 원칙일 수 있겠지만 읽기의 효율성이 더욱 강조되는 현대 언어생활에는 형태소적 표기법이 더 적합해진 것이라고 한다면, 우리 한글 맞춤법의 역사는 우리 언어생활의 흐름을 그대로 반영하고 있다고 할 수 있겠다.

03 국어의 미래

인터넷상에서나 일상 언어에서 젊은 청소년들 사이에 교양 없는 말투와 속어, 비어가 대책 없이 번져가는 모양이 심각하다. 물론 언어는 끊임없이 변화하지만 변화의 방향을 방치해두어서는 안 된다. 언어는 마치 유기체와 같아 끊임없이 생성, 발전, 변화, 소멸의 과정을 거치고 내부적·외부적 요인에 쉽게 영향 받는 면이 있으나 그 중심에는 분명히 내재하는 규칙과 질서가 있어 본질이 유지되기도 한다. 본질이 훼손되지 않도록 이 규칙과 질서를 제대로 파악하고 바르게 발전시켜 나가야 할 의무가 우리 사용자에게 있다. 게다가 한국어에는 한국인의 정신과 삶과 역사와 미래가 고스란히 담겨 있으므로 한국어를 잘 이해하고 바른 방향으로 인도하는 일은 한국인의 삶을 이해하고 발전시키는 데 불가결하다. 한 언어 사회의 구성원인 우리는 원활한 의사소통뿐만 아니라 우리 언어의 바람직한 발전을 위하여 우리말과 우리글의 특질에 대해 더 잘 이해하고 언어 변화의 방향을 바른 길로 인도할 필요가 있는 것이다. 개인과 사회의 건강한 발전을 위해서 자기표현과 의사소통의 도구를 제대로 이해하고 잘 발전시키는 일은 중요하다. 언어의 기능에 대해 다시 생각해보고 우리말과 글에 대한 관심을 높여 의사소통의 도구로 잘 활용할 수 있어야 하겠다.

2과

토론의 실제

01 토론이란 무엇인가

토론(討論, Debate)이란 어떤 논제에 대하여 찬성자와 반대자가 각기 논리적인 근거를 발표하고 상대방의 논거가 부당하다는 것을 명백하게 하는 말하기의 한 형태이다. 따라서 토론은 토론자가 찬성하고 있는 것에 대하여 진리나 의견 등 구체적인 주장이 상대방에게 인정되고 상대방의 반대 주장을 설복(說服)시키려는 의도로 행하여진다.

토론은 자신의 주장이 상대방의 주장보다 우월하거나 합리적이라는 사실을, 믿을 만한 논거를 바탕으로 정당한 절차에 의하여 제삼자에게 납득시키는 과정이라고 할 수 있다. 그렇지만 토론의 궁극적인 목적은 자기주장의 관철이나 상대방 주장에 대한 비판에 있는 것이 아니라 어디까지나 의견의 일치를 찾아 합의를 도출하는 데 있다.

현대사회는 합리적인 의사 결정을 위해 토론문화가 점차 자리를 잡아가고 있다. 양자 간의 의견과 태도는 서로 다를 수 있지만 토론을 통해 설득하고 설득당함으로써 바람직한 하나의 결론을 도출하고 보다 나은 사회를 건설하는 것을 목표로 하고 있다. 따라서 토론을 통하여 합리적이고 긍정적인 해결 방안을 제시할 수 있어야 하며, 토론 과정은 서로의 의견과 주장을 타협하고 조율하여 대립적인 시각을 극복할 수 있어야 한다.

02 토론의 구성

토론을 하기 위해서는 토론 참가자, 논제, 토론 규칙, 사회자, 청중 등의 요소가 갖추어져야 한다. 이 중 토론 참가자들은 제시된 논제에 대해 자신의 의견을 분명히 제시하고 설득할 수 있도록 여러 준비 과정이 필요하다. 논제는 서로 다른 의견이 대립되어 있는 명제를 말한다. '미국산 소고기의 수입'이나 '사이버 모욕죄 입법', '존엄사 인정' 등과 같이 서로 다른 입장과 대립이 있는 사안들이 토론의 주제가 된다.

토론 규칙은 토론을 질서 있고 공평하게 진행하기 위한 최소한의 예의라고 할 수 있다. 발언 시간의 제한, 발언 기회의 공정성, 상대편에 대한 예의와 격식 등이 있어야 한다. 사회자는 토론의 순서와 내용의 줄기를 잡아 문제의 시작에서부터 해결점을 찾는 방향에 이르기까지, 논의가 일관되고 심화되도록 조정하는 역할을 한다. 토론 규칙에 따라 토론자들을 조율하고, 논의가 다른 곳으로 빠지지 않도록 중심을 잡아주어야 한다. 때로는 토론의 내용을 요약하기도 하고, 편협하거나 비논리적인 흐름에는 주의를 주어 토론이 원활히 진행되도록 한다.

청중은 토론의 전 과정을 지켜보면서 토론자의 주장이 합리적인지, 자신의 의견과 어떻게 다른지, 어떠한 점에 논리적 모순이 있는지를 파악하며 듣는다. 듣기의 과정을 통해 자신의 의견을 조정하고 때로는 토론자에게 질문을 던질 수도 있다. 토론이 끝난 후 찬반양론에 대한 평가와 선택을 담당하는 배심원 역할을 하기도 한다.

- **토론 참가자** : 찬반의 의견 대립자
- **논제** : 긍정과 부정의 의견이 명백하게 드러날 수 있는 주제
- **토론 규칙** : 정해진 시간 안에 토론을 원활히 진행할 수 있는 규칙(말하기 순서, 방법, 시간 등)
- **사회자** : 토론을 이끌며, 논의를 정리하고 중재하는 진행자
- **청중** : 토론을 통해 자신의 의견을 정리하고 평가하는 배심원

03 토론의 절차와 방법

1) 토론의 사전 준비

원활하고 열띤 토론을 위해 토론자는 사전 준비 과정을 거쳐야 한다. 우선 토론 주제의 성격을 분석하여 어떻게 토론에 임할 것인지를 생각한다. '4대강 개발사업' 같은 경우 환경의 개발과 파괴라는 입장에서 토론할 것인지, 국가의 성장과 국민의 이익이라는 입장에서 토론할 것인지 결정해야 한다. 또한 정치적인 사안을 중심으로 논의할지, 시민과 환경운동을 중심으로 논의할지도 생각해보아야 할 것이다. 이는 토론자의 성향이나 토론을 주최하는 단체에 따라서도 달라질 수 있다.

다음으로 토론자는 예상되는 쟁점에 대해 정리해본다. 단순히 찬성 반대 입장뿐만 아니라 구체적으로 의견이 갈라지는 사안이 무엇인지 충분히 검토하고 정리하여 왜 다른 의견이 생겼는지를 알아야 한다.

쟁점이 정리되었다면 자신이 주장하는 의견이나 사안에 대한 논증의 방법을 모색해야 한다. 주장을 뒷받침할 만한 근거를 제시하기 위하여 여러 가지 자료를 수집하고 점검해야 한다. 가장 효과적인 논거로 어떠한 자료나 사례가 쓰여야 할지 선택하고 정리한다.

토론에서 쟁점이 될 만한 사안과 이에 대한 논증 방법이 선택되었다면 말할 내용을 간단히 개요로 작성하고 연습하는 일도 필요하다. 불필요하거나 군더더기 말이 들어가지 않도록 하며, 핵심적이고 명료하게 말할 수 있도록 연습한다. 이를 과정별로 정리하면 다음과 같다.

① 토론 주제의 성격 분석

② 예상되는 쟁점의 정리

③ 논증 방법의 모색

④ 증거 자료의 수집과 점검

⑤ 토론 개요 작성과 연습

2) 토론의 절차

토론은 사회자와 토론 참가자들이 정해진 규칙에 따라 순서대로 진행해야 하며 주어진 시간 안에 최대한 자신의 주장을 논리적으로 발표해야 한다. 대개 토론은 사회자의 진행을 중심으로 하여 각각의 의견을 진술하는 것이 일반적인데, 주요 논의 사항을 순서대로 진행하되, 논제를 다각도로 깊이 있게 다룰 수 있도록 해야 한다. 사회자와 토론 참가자들이 토론을 진행하는 방법은 다음과 같다.

① **논제의 설정** : 논제의 사안을 명료하게 구분해주는 진술문으로 양측의 입장을 정리한다.

예 인터넷 문화는 인간관계와 의사소통에 도움을 준다. (긍정 측)

인터넷 문화로 인해 인간관계와 의사소통의 단절이 일어난다. (부정 측)

② 각 입장을 대변하는 토론자들이 사회자를 중심으로 둘러앉는다.

③ 사회자는 토론 논제와 목적을 간단하게 밝히면서 청중의 주의를 환기한다.

④ 사회자는 청중에게 토론자의 인적 사항과 토론에서 맡은 역할을 소개한다.

⑤ 사회자는 토론 방식과 순서, 토론 규칙과 발언 시간 등을 알려준다.

⑥ 각 입장에 대한 기조 발제를 한다. 각 편의 주장을 핵심적이고 요약적으로 설명한다.

⑦ 사회자는 논제의 주요 개념을 정의하고, 논제가 등장하게 된 배경, 논제와 관련된 현상의 분석, 논의가 필요한 항목의 설정 등을 중심으로 토론을 진행시킨다.

⑧ 토론자는 자기주장에 대한 논거(이론 또는 자료) 등을 제시하면서 발표한다.

⑨ 상대편 토론자는 문제 인식, 입장, 논거에서 오류나 허점을 찾아내어 반박하고 이를 쟁점으로 부각시켜 자신의 주장을 정당화한다.

⑩ 논쟁 사항에 대해 토론이 충분하게 되었다고 생각하면 사회자는 그동안의 양편 논의를 간략히 요약하고 다음 논쟁으로 넘어간다.

⑪ 전체 토론 시간이 60분으로 배정되어 있으므로 이를 염두에 두고 시간 배분을 잘하여 진행하여야 한다.

⑫ 토론은 점차 깊이 있는 사안으로 진전 발전하여야 하며 현상보다는 원인과 해결에 중심을 두어야 한다.

⑬ 마지막으로 청중들에게 질문할 기회를 주고 그에 대한 논의를 해본다.

⑭ 사회자는 시간이 다 되었음을 알리고 양측의 논의를 요약한 뒤, 오늘 토론의 성과와 문제점에 대해 진술하며 마무리한다.

3) 토론 평가하기

평가를 맡은 조는 토론 과정을 세심하게 지켜보고 다음 사항에 따라 평가할 수 있다. 개인의 견해나 사적인 친분 관계에 따라 평가해서는 안 되며, 토론 시의 논리성이나 태도 등을 중심으로 공정한 평가가 이루어져야 한다. 토론자들 역시 평가표의 항목에 따라 평가된다는 점을 미리 숙지하고 토론에 임하도록 해야 한다.

토론자들이 유의하여 준비해야 할 평가 요소는 다음과 같다.

구분	평가 요소
태 도	자세는 바른가?
	시선은 청중(상대방)을 주시하는가?
	표정과 동작은 적절한가?
음 성	발음은 명확한가?
	안정된 어조를 사용하고 있는가?
	말의 속도, 억양은 적절한가?
내 용	자료수집 및 준비는 충분한가?
	흥미 있는 내용인가?
	논리적 체계가 있는가?
기 타	이성과 감성에 동시에 호소하고 있는가?
	효과적인 표현을 사용하고 있는가?
	청중의 반응은 긍정적인가?
	시간 배분은 적절한가?
	표준어를 사용하고 있는가?

04 토론자의 자세

토론참가자는 다음과 같은 자세가 필요하다.

- 상대방 주장의 논거를 일단 인정하고 자신이 이해하는 것과 일치하는지 확인한다.
- 자기주장의 논거가 상대방의 것보다 훨씬 가치가 있고 믿을 만한 것임을 간결하게 역설한다.
- 상대방 주장의 근거를 여러 각도에서 분석한 후 명백한 이유를 들어 논리적인 모순을 지적한다.
- 자기주장의 요점을 반복해서 말한다.
- 필요한 경우 상대를 납득시켜 자기주장에 동조하게 하고 특정 행동을 하게 한다.
- 주관적이고 감정적인 대응이 되지 않도록 주의한다. 인신공격적 발언이나 큰소리를 내는 등의 언행은 비논리성을 드러낼 뿐이다.
- 논제에 대하여 충분히 검토하고 자신의 입장을 분명하게 정립한다.
- 자신의 견해나 주장을 합리적으로 뒷받침할 사실이나 사례를 준비하고 검토한다.
- 자신의 주장과 대립되는 견해에 대해서도 숙지하고 있어야 한다. 그들의 주장을 어떻게 반박할 것인가에 대한 대책이 있어야 한다.
- 토론 규칙에 따라, 차분하고 냉철하게, 예의를 지키며 발언해야 한다.
- 상대방의 주장을 비판적 시각에서 듣고 반론의 자료로 활용한다. 논리적 모순이나 잘못된 가치관, 근거 등을 따져 반박할 수 있다. 이를 위해서는 우선 상대방의 주장을 잘 들어주고 일단 이해하는 태도가 중요하다.
- 중요한 내용은 메모하여 불충분한 기억을 보충할 수 있어야 한다.

05 논거의 요소들

자신의 주장을 합리적으로 뒷받침할 수 있어야 설득력이 생긴다. 이를 위해 적절한 논리적 근거들을 마련해야 한다. 논거들은 다음과 같은 요건을 갖추어야 한다.

- 토론의 쟁점들과 관련이 되어 있어야 한다.
- 논거의 우선순위를 매겨서 중요한 논거와 덜 중요한 논거를 구분해야 한다.
- 논리적이어야 하고 추론 가능한 것이어야 한다.
- 모순이 없어야 한다.
- 논거의 자료는 신문, 잡지, 보고서, 논문, 단행본, TV, 인터넷 등을 통해 찾을 수 있다.
- 사례, 통계 자료, 근거 자료 등을 잘 제시하는 능력이 중요하다.

06 사회자의 역할

토론의 원활한 진행을 위해서는 사회자의 역할이 가장 중요하다. 사회자는 토론의 논제에 대해 누구보다 잘 알고 있어야 하며, 토론의 내용을 어떻게 조직할지에 대해 미리 생각하고 있어야 한다. 정해진 시간 안에 효율적으로 토론하기 위해 어떠한 방법과 절차가 필요한지도 미리 숙고해서 토론에 임해야 한다. 또한 토론 시에는 토론자들의 말을 귀 기울여 듣고 이에 대해 다른 청중들에게 요약적으로 정리해줄 수 있어야 한다. 사회자는 양편의 입장을 중립적인 입장에서 들어야 하고, 어느 한 편의 입장을 지지하는 쪽으로 토론을 유도해서는 안 된다. 한편으로는 토론의 분위기를 유연하고 밝게 만들어 활발한 의견 발표가 이루어질 수 있도록 해야 한다.

1) 사회자의 역할

① 토론의 분위기를 형성하고 효율적인 진행을 해야 한다.

② 편견이나 독단에 치우치지 않는 중립의 자세를 유지해야 한다.

③ 논점을 정리하고 조정하는 역할을 한다.

④ 적절한 요약과 질문함으로써 청중의 이해를 돕는다.

⑤ 토론의 진행을 유연하게 만들어 자유롭게 토론할 수 있는 분위기를 만든다.

⑥ 사회자는 토론에서 중요하게 다루어야 할 사항이 무엇인지 미리 생각하여 이에 따라 논의가 깊이 있게 진행되도록 이끄는 것이 중요하다.

⑦ 토론 논제의 각 항목에 시간을 적절히 배분하여 정해진 시간 안에 논제를 가장 효과적이면서도 다각도로 다룰 수 있도록 조정한다.

⑧ 토론 참가자들이 지나치게 격앙되거나, 반대로 지나치게 소극적일 경우 이를 조율하고 원활하게 참여할 수 있도록 적절한 질문과 정리 발언이 필요하다.

2) 좋은 사회자의 요건

① 토론의 진행이 매끄럽다.

② 사회자의 진행태도가 객관적이다.

③ 사전 준비가 치밀하다.

④ 요약과 정리를 잘한다.

⑤ 청중들에게 관심과 흥미를 잘 유도하고 있다.

⑥ 토론 규칙을 엄격히 지키고 있다.

⑦ 토론 기회가 공평하다.

⑧ 결론에 도달하는 방법이 합리적이다.

⑨ 합당한 결론에 이르렀다.

⑩ 시간 배분을 잘했다.

07 토론 시 효과적인 의견 전달 방법

토론자들은 자신의 의견을 전달하기 위하여 효과적인 표현법을 익힐 필요가 있다. 효과적인 의견 전달을 위해, 눈 맞춤, 음성 조절, 손동작, 언어, 메모, 표현, 유머 등에 대한 표현 기법을 익히면 도움이 된다.

- 눈 맞춤(Eye contact) : 진지한 태도를 전달하는 데 효과적이다.
- 음성 조절 : 중요한 주장을 강조하고 집중력에 도움을 줄 수 있다. 음의 높낮이, 강세, 길이, 음량, 잠시 쉬는 것도 포함되며, 말의 속도는 1분당 130~180단어가 적당하다.
- 손동작 : 중요한 주장을 강조하거나 자신감을 표현할 수 있다. 과도한 손동작은 오히려 산만해 보이므로 주의한다.
- 언어 : 분명하고 간단, 명료한 언어를 사용하는 것이 좋다.
- 메모 : 중요한 내용을 기억하기 위해 사용한다.
- 수사적이고 우아한 표현 : 판정관들에게는 좋은 인상을 줄 수 있다.
- 유머나 위트 : 발표를 원활하게 하고 자신감 있게 보일 수 있다.

08 분석적으로 듣기

상대방의 의견을 반박하기 위해서는 우선 상대방의 주장에 대해 귀 기울여 들어야 한다. 토론은 대화이자 의사소통의 장이기도 하기 때문이다. 따라서 상대방의 의견을 잘 듣고 이해하며 이를 분석, 비판할 줄 아는 데까지 나아가야 효과적인 토론이 될 수 있다. 분석적으로 잘 듣기 위해서는 다음과 같은 방법이 필요하다.

- 주의 집중해서 들을 준비를 하라.
- 중요한 내용은 메모하라.
- 들은 내용을 조직화하라.
- 들은 내용에 대한 전체적인 밑그림을 그려보라.
- 조용히 핵심 내용을 재진술해보라.
- 상대방이 주장하는 바의 타당성을 검토하라.
- 과연 이러한 메시지가 자신에게 어떻게 적용될 수 있는가를 자문해보라.

토론을 잘하기 위한 TIP

토론을 하는 학생들은 많은 어려움을 느낀다. 논제 설정부터 토론의 내용, 자세 등 무엇 하나 익숙하지 않은 일이다. 열심히 토론을 준비한다 해도 막상 실전에서는 생각처럼 말이 잘 이어지지 않기도 한다. 자료를 많이 준비했음에도 토론이 잘 안 되는 이유는 토론의 경험 부족으로 볼 수도 있다. 그 자료를 언제, 어디서, 어떻게 활용해야 하는지 서툴러서 준비된 자료의 활용을 잘 못하기 때문이다. 자료를 자기 것으로 완전히 소화하지 못한 탓도 있을 것이다. 실제 토론 시 나타나는 문제점을 중심으로 토론을 잘하기 위한 방법에 대해 소개하고자 한다.

01 구체적 논쟁점을 찾자

가주제 형태는 주제의 영역이 너무 넓기 때문에 논쟁적인 주제(논제)로 좁혀줘야 한다. 가주제 형태일 때는 소주제를 어떻게 잡는가에 따라 토의 주제가 달라질 수 있기 때문이다. 예컨대 '다문화 시대의 한국, 한국인'은 가주제이다. 따라서 단순히 다문화 사회를 찬성하는가, 반대하는가 하는 토론은 논쟁의 대상이 무엇인지 불분명하다. 마치 사정거리에 들어와 있지도 않은, 어디 있는지도 모르는 적을 향해 열심히 총만 쏘게 되는 셈이다. 그러므로 논쟁적인 주제로 좁힐 수 있는 능력이 토론의 성패를 좌우한다. 문제는 학생들이 자신의 평소 지식만으로는 사고의 한계가 있기 때문에 쉽게 주제를 좁히지 못한다는 점이다. 이를 해결할 수 있는 방안은 무엇일까?

원론적인 말일 수도 있지만, 자료를 많이 읽어야 한다. 심야 토론에 나오는 패널들은 나름대로 토론 주제에 대해 많은 지식을 갖고 있는 전문가 집단의 사람들이다. 많은 지식이 있기 때문에 다양한 관점에서 자신의 주장에 이유 및 근거를 제시할 수 있고, 무엇이 논쟁적인 주제가 될 것인지를 쉽게 알 수 있다. 아는 만큼 논쟁적인 주제가 나온다는 것이고, 그런 점은 학생들에게도 마찬가지다. 그래서 자료를 많이 갖추어야 하고, 그런 점에서 특히 교재에 실린 다양한 자료들을 꼼꼼히 읽어보는 것은 아주 중요하다.

'다문화 사회'를 예로 들어보면 다문화 사회에 대해 긍정적으로 보는 시각의 사람은 인구 감소에 따른 인력난 문제의 대안이 될 수 있다는 점, 무역 의존도가 높은 한국 경제의 특성상 다문화 정책은 필연적 지향점이 될 수밖에 없다는 점, 국가 안보 전략 수립에 유리하다는 점 등을 언급하고 있고, 부정적으로 보는 시각의 사람은 문화 차이, 이질감 등의 문제로 민족 정체성이 사라진다는 점, 갈등이 심화되면서 사회질서 유지가 어려워진다는 점 등을 말한다. 이를 바탕으로 다음과 같은 논제를 설정할 수 있다.

- 다문화 정책이 저출산 문제(인력난)의 해결 방안인가?
- 고용허가제가 한국인의 일자리를 위협하는가?
- 다문화 사회가 국가의 경쟁력을 높이는가?
- 다문화 가정이 늘어나면 전쟁의 위협이 줄어드는가?
- 난민 수용, 더 적극적으로 받아들여야 하는가?
- 한국 거주 외국인의 범죄, 내국인 범죄보다 심각한가?
- 단일민족, 자랑스런 대한민국의 정체성인가?
- 귀화 선수의 금메달은 진정한 한국의 금메달인가? (중국 출신 탁구 선수, 케냐 출신 마라톤 선수, 브라질 출신 축구 선수 등의 사례)

일반적으로 토론의 논제가 되는 것은 가치나 정책에 대한 것이다. 이를테면 '사형제도에 대한 찬반'이라는 주제는 충분히 논쟁적이고, 찬성 측이나 반대 측이나 각각 나름대로의 설득력 있는 논리를 갖추고 있는 논제가 될 수 있다. 그러나 논쟁적인 주제를 정한 것으로 끝이 아니다. 실제 토론에서 토론이 잘 이루어지려면 구체적 논쟁점을 찾아야 한다. 단순히 사형제도를 찬성한다든지 반대한다든지 하는 견해를 내세우는 것만으로는 토론이 충분히 이루어질 수가 없다. 그런 면에서 세부적인 논쟁점을 찾는 것은 매우 중요하다.

그렇다면 논쟁점은 어떻게 찾는가? 논쟁점은 각각 주장하는 바에 대한 이유의 타당성 논의에서 찾을 수 있다. 사형제도를 찬성한다는 주장이 아니라 사형제도 찬성의 이유, 예를 들어 범죄 예방 효과가 있기 때문에 사형제도를 찬성한다면 정말 그 이유가 타당한지를 논의하게 되는데, 바로 그 이유가 논쟁점이 된다.

02 주장에는 반드시 이유와 근거가 있어야 한다

토론 수업에서 토론이 원활하지 못한 것은 서로 주장만 내세우고, 상대방의 주장에만 집중해서 비판을 하려고 하기 때문이다. 그러나 토론에서 말하기 방식은 주장, 이유, 근거가 포함되어야 한다.

- 나는 ~라고 주장한다. 왜냐하면 이는 ~때문이며(이유) 그 바탕은 ~이다.(근거)
- 나는 ~에 기초한(근거) ~때문에(이유) ~라고 주장한다.

'사형제도'를 주제로 토론을 할 때, 찬성측은 첫째, 소수 범죄자의 인권보다는 다수 선량한 사람의 인권이 중요하다는 점, 둘째, 범죄 예방 효과가 있다는 점, 셋째, 교화의 효율성, 즉 소수의 사형수 교화에 매달리다가 다수의 경범죄자 교화에 실패한다는 점을 이유로 제시할 수 있다. 반대 측은 첫째, 오판 가능성, 둘째, 범죄 예방 효과가 없다는 점 등을 이유로 제시할 수 있다. 이 논제는 비교적 많이 다루어 온 주제여서 토론 진행이 비교적 잘되는 편이지만 실제 토론 시에 아쉬운 점이 있었다.

예를 들어보자. 찬성 측 한 토론자는 반대 측에서 제시한 오판 가능성에 대해 '오판'은 사법 체계상 어쩔 수 없는 숙명적인 한계라는 식의 반응만 보였다. 다른 학생이 오판의 가능성을 줄이기 위한 제도로 3심 제도가 있다는 사실을 제시하자, 반대 측 학생은 다시 3심 제도가 있다고 하더라도 사형제도가 정치적으로 악용이 될 경우 해결책이 될 수 없다는 재반론을 하였다. 이에 대해 찬성 측 학생은 "현재 우리나라의 분위기로는 그렇게 될 것 같지 않은데요."라는 막연한 추론으로 얼버무렸다. 논리적인 해답을 주지 못하고 막연한 주관적 입장으로 표현한 것이다.

이에 비해 반대 측에서는 비교적 객관적인 자료를 바탕으로 자신들의 주장을 펼쳐나갔다. 오판 가능성의 근거로 미국의 최근 50년 간 최종 사형선고를 받은 이후 107명이 번복된 통계자료와 영화 〈7번방의 선물〉에서처럼 경제적 격차에 따라 국선변호사에 의해 적절한 변호를 받지 못한 재판 시의 형평성 문제를 들었다. 범죄 예방 효과에 대해서도 사형제도를 폐지한 지 27년이 지난 캐나다의 경우 강력범죄가 44% 감소했다든지, 1996년도 강력범죄의 비율보다 23건의 사형이 집행된 1998년도의 강력범죄 비율이 0.5% 상승했다는 등의 근거를 제시했다.

이처럼 자신의 주장을 뒷받침할 만한 각종 자료나 정책, 통계 등을 바탕으로 토론을 이어갈 때 딜레마에 빠지거나 추측에 머무는 애매함에서 벗어날 수 있다. 타당하고 논리적인 근거를 준비해서 효과적으로 사용하는 것이 토론의 성패를 좌우한다고 할 수 있다.

토론 중 하면 좋지 않은 말이 있다. '그냥요'(이유, 근거 없음), '어쨌든'(논리 무시), '잘 모르겠지만, ~ㄹ 것 같아요'(막연한 추론), '~에 대해서는 어떻게 생각하십니까?'(근거 제시 후 잉여적 표현)

'그냥'은 사랑할 때나 가능한 말이다. 왜 헤어지려고 하는지 묻는 연인에게 '그냥'은 나름 배려의 표현일지 모르겠지만, 토론에서의 '그냥'은 배려가 아니라 준비 부족이고 단순한 의견 진술일 뿐이다. 또 토론에서 추론이 절대 불가한 것은 아니지만, 그 추론은 근거(사실 자료, 소견 자료)가 제시되고, 그 근거 때문에 자연스럽게 도출되는 추론이어야지 막연한 추론만 하면 토론을 깊이 있게 만들어주지 못한다. 또한 "~이 아닌가 생각합니다."라는 표현은 도망갈 안전장치를 마련해놓은 대신 설득의 가능성은 감소하게 만든다. 반면 단정하는 말("~입니다. ~해야 합니다. 등")은 때로는 문장의 논리성이나 정확성마저도 능가하는 힘이 있다. 대신 단정하는 말은 평소보다 이유나 근거를 바탕으로 높은 논리의 정확성이 요구된다. 그것이 결여되면 선동에 불과하다.

한편 토론을 할 때, 설명만 하기보다는 질문을 잘 활용하면 효과적이다. 그런데 단순한 의견이나 주장을 해놓고 '어떻게 생각하십니까?'를 습관적으로 말한다. 사실 근거만 잘 제시해도 상대방을 당황하게 만들 수 있다. 그런 면에서 '어떻게 생각하십니까?'는 굳이 말할 필요 없는 잉여적 표현이다. 그런데 정작 중요한 근거는 빠뜨린 채 의견 진술과 질문만을 한다. 이를 테면 '다문화 사회'를 주제로 토론을 하는데, "외국인 노동자가 한국인의 일자리를 줄어들게 만드는데, 여기에 대해 어떻게 생각하십니까?"라고 질문하면 "외국인 노동자의 일자리는 한국 사람들이 회피하는 3D

업종에 몰려 있어서 큰 문제는 없다고 생각합니다. 여기에 대해서는 어떻게 생각하십니까?"라는 반대 의견을 진술한다. 그러고서는 끝이다. 평가하는 학생들도 누가 더 우월한 토론을 했는지에 대한 기준이 될 근거가 부족하거나 없다 보니 평가에 곤란을 느낀다.

토론이 잘 진행된 조를 보면 그래도 근거를 제시한 팀이다. 외국인 고용허가제를 찬성한 팀은 5만 5천 명의 법정 인원은 적절한데, 불법 체류자의 증가와 관리 부실이 문제임을 근거로 제시하고, 반대 팀은 외국인 노동자가 3D업종에 종사하므로 직접적으로 문제가 되지 않을 것처럼 보이지만, 기업들이 내국인에 합당한 처우 개선보다는 외국인 고용이라는 쉬운 방법을 택함으로써 결국 양질의 일자리 감소로 이어진다는 논리를 제시했다.

03 토론 주제에 부합하는 내용을 진술해야 한다

특정 주제에 대해 모든 부분에서 찬성이나 반대의 견해를 갖는 것은 아니다. 따라서 토론을 할 때 자신의 생각을 잘 정리해둘 필요가 있다. 예를 들어 안락사를 주제로 토론을 할 경우도 어떤 부분에서 찬성하고, 어떤 부분에서 반대하는지의 입장이 분명해야 한다.

- 안락사는 정당한가, 안락사를 법적으로 인정해야 하는가? (가치, 정책)
  - → 안락사가 정당하기는 하지만, 안락사를 빙자한 살인이 발생할 가능성이 크고, 이를 방지할 대책이 없다. 또 안락사 자체는 필요하지만, 어떤 환자가 안락사를 정말로 원하는지 객관적으로 확인할 방법이 분명하지 않다면 법적으로 인정하기가 어렵다. (가치 차원은 인정, 정책 차원은 부정)
  - → 안락사는 필요악이다. 즉 필요성 때문에 법으로 인정은 할 수밖에 없지만, 과연 정당한지는 논쟁이 될 수밖에 없다. (가치 차원은 부정, 정책 차원은 인정)

토론 주제에 부합하는 내용을 진술하지 못하는 데는 듣기 태도의 문제가 원인이 되기도 한다. 상대방의 주장과 근거를 제대로 듣지 않고 자신의 발언을 어떻게 할 것인가에 예민해져 있어서 때로는 상대방의 말과 관련이 없는 새로운 이야기를 시작하기도 한다. 오늘 해야 할 토론의 주제가 무엇인지 자신의 입장은 무엇인지가 분명하게 있어야 한다. 그리고 상대방의 말을 잘 듣고 그에 해당하는 말을 이어가야 한다.

04 논리를 세워 반박해야 한다

학생들에게 빈번하게 나타나는 오류는 성급한 일반화의 오류다. 암환자가 민간치료를 통해 기적적으로 완치가 되었다고 그 치료 방법을 일반화할 수는 없다. 준비가 부족한 상황에서 자기가 경험한 특정 사례를 갖고 객관적 근거인 양 말하는 학생도 있고, 또 그런 상대방의 부적절한 근거를 비판도 못하는 상황이 있다. 상대방이 말한 단 하나의 근거 자료에 찬물을 끼얹은 듯한 침묵을 지키게 되는 상황은 준비 부족을 여실히 보여주는 것이다.

근거 자료 하나에 기초한 학생들이라 하더라도 한두 가지의 자료만 사용하고 있다면 논리가 부실할 수밖에 없다. 이를테면 통일을 주제로 토론한 조에서 반대 측의 학생이 동서독의 경제 격차가 4배였는데도 어려움을 겪었는데, 28배인 한국과 북한은 1조 달러 이상을 부담해야 한다고 말하자, 찬성 측에서는 독일의 통일은 동독 총리의 말실수에 따른 오해에서 비롯된 급격한 통일이었지만, 우리는 준비된 통일로 가면 큰 무리가 없다고 반박하였다.(간접 반박) 그리고 서로 더 이상의 반박은 없었다. 왜냐하면 서로의 근거에 대해서 아는 바가 없기 때문이다. 한국과 북한의 격차가 28배인 것은 어느 때를 기준으로 한 어느 곳에서 발행된 자료인지에 대한 궁금증을 제시하면서 과연 1조 달러가 들어간다는 계산이 정확한지를 따졌어야 했다. 아울러 이에 대한 예상을 했다면 다른 결과를 보여주는 반박 자료를 준비했어야 되는데(직접 반박), 자신들의 주장을 뒷받침하는 근거 준비에 급급하다 보니 반박이 이어질 수 없었던 것이다. 반대 측도 독일 통일은 급격했지만, 한국은 준비 시간이 있다고 하는 찬성 측의 주장에 대해 그렇게 단언할 수 있는지의 타당성을 따져야 했으며, 급격한 통일이 올 수도 있다는 전문가의 소견 자료 제시와 함께 현재 한국의 통일 준비 상황에 대한 자료 제시가 있어야 설득력을 얻을 수 있을 텐데, 우리는 준비할 시간이 있다는 반론에 묵묵부답으로 있는 모습을 보였다. 곧 근거 자료의 준비는 자신의 주장에 대한 것만 필요한 것이 아니라 상대방의 허점을 짚어낼 만한 자료와 반박에 대비한 재반박 자료도 함께 준비해야 한다는 것이다.

05 구체적으로 말할수록 설득력이 생긴다

고가 후미타케(2015)에 따르면, 말이든 문장이든 '귀찮은 세부 사항'을 그렸을 때, 비로소 현실성을 얻는다.

- 커피를 마시면 잠이 잘 오지 않는다.
- 커피를 마시면 카페인 효과로 잠이 잘 오지 않는다.
- 커피를 마시면 카페인이 뇌 안의 안데노신 수용체를 차단해서 잠이 잘 오지 않는다.

구체적인 표현이란 것은 내가 체감할 수 있는 표현이라는 의미이기도 하다. 길이 막힌다는 내용의 글을 쓰는 경우를 가정해보자.

- 끝없이 이어지는 대정체
- 50킬로미터에 이르는 대정체(숫자 활용, 그러나 체감하기에는 부족)
- 거의 움직이지 않은 채로 브라운아이드걸스의 베스트 앨범을 다 듣고야 말았다.

토론에 있어서도 체감할 수 있는 표현은 효과적이다. 너무 거시적인 자료는 사실이 아니라고 부정할 수는 없지만 설득력이 떨어진다. 이를테면 통일을 주제로 토론한 어떤 학생이 통일이 되면 10년 간 600억 달러의 순익이 생긴다고 주장했는데, 그것이 내게 얼마나 큰 유익인 것인지 체감하기 어렵다. 너무 큰 단위이기 때문이다. 그래서 "1인당 1년에 10만 원씩을 줄 수 있는 돈입니다."라고 표현하는 것이 더 좋다. 너무 약소해 보여서 의도적으로 표현한 것이 아니라면, 체감할 수 있는 표현이 효과적이다.

너무 미시적인 것도 마찬가지다. 수강생을 모집하는 한 전단지 광고에서 '수강료 월 945분 기준 1분당 127원'이라는 문구를 봤다. 일주일에 2시간씩 2회 수업에 월 12만 원이라는 말이다. 광고의 특성상 미시적인 단위를 사용함으로써 그만큼 비싸지 않다는 점을 부각시키면서 월 12만 원이라는 부담되는 문구를 가리고자 한 의도는 알겠지만, 토론에서 이런 표현은 적절하지 않다. 분명하게 이해시켰음에도 상대방이 반박을 못하게 하는 것이 정당한 전략이지 상대방이 알아듣지 못하게 해서 반박을 피한다면 반박 피하기의 오류에 지나지 않는다.

06 긍정적인 문장과 쉬운 말을 사용한다

부정문은 사실이나 행동을 부정할 뿐 결과에 직접 관련된 정보를 주지 않는다. 다시 말해 "그러면 어떻게 하면 좋은가?"에 대한 언급은 빠져있어서 곤혹스럽게 한다.

- 이 문으로는 출입을 할 수 없습니다.
  → 왼쪽 문으로 들어가십시오.
- 기본적으로 이 가설을 의심할 이유가 없습니다.
  → 기본적으로 이 가설을 지지합니다.

토론 시에도 부정문의 사용은 주장하고자 하는 바를 명확하지 못하게 한다. 다문화 사회와 관련한 토론에서 "결혼 이주 여성이 모두 경제적인 이익 때문에 한국으로 왔다고 생각하지는 않습니다."는 표현보다는 "경제적인 이익 때문에 한국으로 온 결혼 이주 여성은 일부입니다."로 표현하는 것이 더 좋다.

토론 시에 일부러 전문적이고, 어려운 용어를 사용하여 상대방을 제압하려는 학생들도 있다. 가끔은 전문 자료를 이해하지 못하고 그대로 옮겨 말할 경우 상대방이 이해하지 못하여 반박을 못하는 예도 있다. 어려운 말보다 쉬운 말로 여러 사람의 의사소통을 열어주는 토론이 더 좋다. 평이한 말로 하더라도 내용에 무게는 얼마든지 실을 수 있다. 전문적인 내용이나 용어를 사용하고 싶다면 다시 풀어서 쉽게 말하도록 준비해야 한다.

〈권순구〉

3과

프레젠테이션 방법론

01 프레젠테이션이란?

프레젠테이션이란 발표자가 청중들에게 어떠한 사실이나 정보, 자신의 의견 등을 전달하고 설득하는 일련의 과정이다. 다양한 기술과 커뮤니케이션 도구를 이용하여 자신의 메시지를 전달하는 종합 과정이기도 한다. 기획안을 제시하여 자신의 의사를 밝히거나, 광고대행사가 광고주에게 제출하는 광고계획서, 대학생들이 수업 시간에 하는 주제 발표 등이 모두 이에 해당한다.

프레젠테이션에서 무엇보다도 중요한 것은 충실한 내용이다. 내용은 부실하면서 화려한 영상 효과만을 내는 프레젠테이션은 좋은 평가를 받을 수 없다. 프레젠테이션은 복잡하고 어려운 내용을 시각적으로 쉽게 전달하는 것이 목적이므로, 내용의 핵심을 파악하고 이를 효과적으로 표현하기 위한 기법을 선택하는 것이 중요하다.

02 프레젠테이션 발표의 준비

프레젠테이션을 계획하는 단계에서는 3P인 목적(Purpose), 청중(People), 장소(Place)를 우선 고려하고, 이를 바탕으로 하여 구성과 조직, 화법이 이어져야 한다.

1) 준비 사항

① 무엇에 대해 말할 것인가 : 화제 설정

② 왜 말하는가 : 목적

③ 누구한테 말하는가 : 청자 분석

④ 어떤 상황에서 말하는가 : 상황 분석

⑤ 무엇을 재료로 말할 것인가 : 자료의 수집과 정리

⑥ 내용을 어떻게 조직할 것인가 : 내용의 구성과 조직

⑦ 실제로 말을 어떻게 할 것인가 : 담화의 형태, 어투, 자세

2) 청자와 말하기 상황 분석

준비 사항에 대한 점검이 끝나면 청자와 말하기 상황에 대한 분석이 이루어져야 한다.

(1) 청자 분석

청자의 태도나 지식수준, 동질성, 유형 등에 따라 발표자는 내용과 형식, 태도 등을 유연성 있게 조정하여야 한다.

① 청자의 태도 : 화자에 대한 태도가 우호적인가? 주제에 대한 태도가 어떠한가?

② 청자의 지식수준 : 청자의 지식수준이 낮은가? 높은가?

③ 청자의 동질성 여부 : 청자가 동질적인 집단으로 구성되어 있는가?

④ 청자의 유형 : 나이, 성별, 직업, 호감도 등은 어떠한가?

(2) 말하기 상황 분석

말하기 상황에 영향을 미치는 것은 청자의 물리적 크기 및 환경이다. 청자의 규모가 어떠한가, 강연회인가 선거 유세인가, 10명인가 100명인가에 따라 준비할 요소가 달라질 수 있다. 또한 실내인가 실외인가, 마이크 시설이나 주변 설비는 어떠한가에 따라 발표의 방법과 화술이 달라진다.

① 청자의 크기 : 청자의 규모, 물리적 환경 및 배치 상태

② 말하기의 환경 : 실내/실외, 시청각 도구의 사용 유무, 조명, 말하는 위치, 온도 등

3) 프레젠테이션 발표의 준비 과정

(1) 주제 설정

발표의 주제를 먼저 정한다. 발표의 목적이 설명인가, 설득인가, 보고인가, 제안인가에 따라 알맞은 주제와 제목을 생각한다.

(2) 정보 수집

발표의 주제가 정해졌으면 발표에 관련된 여러 가지 사항을 미리 점검하고, 주제와 관련된 자료를 찾고 정리한다.

① 청중(성별, 연령, 직업, 학력, 지위, 권한, 인원 등)

② 발표자와 발표내용

③ 발표시간

④ 발표상황과 발표장소

⑤ 참고자료의 수집과 정리

(3) 개요 짜기

프레젠테이션 화면을 어떻게 구성할 것인지 개요를 짠다. 화면은 표지, 목차, 본문(처음/중간/끝), 참고자료로 구성한다. 본문은 처음, 중간, 끝의 세 부분으로 구성되어야 한다. 본문에는 발표할 텍스트의 요약문과 사진, 영상, 통계 등의 자료들을 적절히 배열한다.

(4) 내용 구성

① 좋은 내용, 알맞은 양, 좋은 표현 방법, 적절한 매체에 대해 고려한다.

② 키워드(Key-word)를 추출하고, 제목을 설정하며, 화면 구성 방법에 대해 생각한다.

③ 불필요한 형용사나 부사는 줄이고, 시각성을 고려한다.

④ 각 장에는 쪽 번호 혹은 전체 장에서 위치를 가늠할 수 있는 표지를 달아준다.

⑤ 글씨체나 글자 크기, 색깔, 음영을 고려한다.

⑥ 내용 구성 순서는 표지, 목차, 서론, 본론, 결론, 참고자료, 인사말로 구성한다.

⑦ 한 화면의 글자는 7줄 내외로 작성하는 것이 좋다.

⑧ 그림이나 도표, 영상자료 등을 활용하여 시각성을 높인다.

⑨ 지나친 효과음은 쓰지 않도록 한다.

(5) 실전 연습하기

프레젠테이션을 위한 화면 구성이 끝났으면 발표할 장소에 미리 가서 준비를 한다. 발표 직전에 가서 준비를 하면 여러 가지 문제가 발생할 경우 해결할 수 없기 때문에, 발표 전날이나 최소 한 시간 전에는 발표 장소에 가서 최종 점검을 해야 한다(장소, 상황, 도구, 조명, 성량, 어조 점검).

03 프레젠테이션 발표의 실제

1) 시작 단계

① 화자와 청자의 관계를 강조하면서 시작

② 주제를 요약 제시하면서 시작

③ 주제 관련 내용을 구분하면서 시작

④ 주제 관련 개념을 정의하면서 시작

⑤ 문제를 제기하며 시작

⑥ 유명한 말이나 글을 인용하며 시작

⑦ 일화나 사건을 소개하며 시작

⑧ 준비한 보조물을 가지고 설명하며 시작

⑨ 최근 관심의 초점이 된 이야기나 뉴스를 가지고 시작

2) 중간 단계

① 시간 순서에 따라 전개하기

② 공간 위치에 따라 전개하기

③ 논리적 인과관계에 따라 전개하기

④ 문제 해결 순서에 따라 전개하기
⑤ 내용을 구분하여 열거하며 전개하기

3) 끝 단계

① 분명하고, 명쾌하고, 간결하게 끝내기
② 핵심 내용을 다시 정리하고 요약하며 끝내기
③ 발표의 주장에 대한 믿음을 강화시키며 끝내기
④ 실천을 촉구하며 끝내기
⑤ 감사의 인사로 끝내기

04 프레젠테이션 발표 시 유의할 점

1) 내용

① 정해진 시간 안에 마칠 수 있어야 한다.
② 한 화면은 3분 이내로 설명하도록 한다.
③ 글자 텍스트만으로 구성하기보다는 적절한 시각 자료를 활용한다.
④ 엉뚱한 이야기나 사적인 이야기로 흐르지 말아야 한다.
⑤ 내용의 핵심이 분명히 전달되도록 한다.
⑥ 객관적이고 공정한 시각을 담아야 한다. 자료를 인용할 시는 하단에 반드시 출처를 밝힌다.

2) 복장

① 단정한 옷차림 필수(지퍼나 단추는 채울 것, 모자, 목도리 등 삼가)
② 슬리퍼 착용 금지
③ 발표 전 머리 스타일, 얼굴, 입안 등 확인
④ 주머니에 불필요한 개인 사물이 있는지 확인

3) 질문과 대답

① 청중의 질문에 횡설수설하거나 감정적인 대응을 하지 않는다.
② 질문은 끝까지 듣고 이해가 안 된 경우 다시 한 번 말해줄 것을 요청한다.
③ 예의 바르고 진지한 태도로 경청하고, 짧고 명쾌하게 대답한다.
④ 청중의 질문을 무시하거나 말을 자르지 않도록 한다.
⑤ 질문자에게 충분한 답변이 되었는지를 확인한다.

4) 매체

① 발표 전 발표 장소에서 PPT 파일이 이상 없이 열리는지 반드시 확인한다.
② 동영상 감상 시 스피커와 마이크가 제대로 동작하는지 확인한다.
③ 노트북을 사용할 경우 사용되는 장비가 제대로 갖추어졌는지 사전 확인한다.
④ 매체 준비는 필수적인 사항이므로 전날 실험 가동을 해보는 것이 좋고, 부득이한 경우 1시간 전에는 준비 사항이 완료되어야 한다.

5) 언어 표현

① 표준 발음, 적당한 성량, 적절한 속도

② 고정된 톤으로 지루하게 말하지 않도록 주의한다.

③ 어미에 같은 말을 반복적으로 사용하지 않도록 한다.

④ 비속어는 쓰지 않는다.

⑤ 사례가 너무 노골적이고 구체적일 때 청중은 불쾌감을 느낀다.

⑥ 영어, 한문, 숫자 등을 잘못 읽거나 잘못 발음하지 않도록 한다.

⑦ 청중을 무시하거나 비하하는 발언은 삼간다.

⑧ 적절한 호칭을 사용한다.

⑨ 시각 자료를 그대로 읽지 않도록 한다.

⑩ '에-', '음-', '그러니까' 등의 말은 자제한다.

6) 자세/환경

① 먼 산을 응시하거나 특정인만을 응시하지 않도록 주의한다.

② 너무 산만하게 왔다 갔다 하지 않는다.

③ 청중의 반응을 살펴보며 유연성 있는 발표를 하도록 한다.

④ 휴대폰 소리가 발표 도중 울리지 않도록 주의한다.

⑤ 발표 시간에 지각하지 않는다.

⑥ 방해 요소를 제거한다(방음이 제대로 안 되는 곳, 조명이 너무 어두운 곳, 실내가 너무 덥거나 추운 곳).

7) 시각 자료

① 프레젠테이션 자료에 오자나 탈자가 없도록 교정한다.

② 내용 디자인이 지나치게 화려하면 눈이 피곤하다.

③ 화려한 애니메이션이나 음향효과를 남발하지 않는다.

④ 글씨는 멀리서도 충분히 보일 수 있는 크기로 하되 너무 크지 않도록 주

의한다.

⑤ 배경 디자인이 현란하면 글씨가 보이지 않는다.

⑥ 배경은 삼색 이내로 조정하고, 원색보다는 2차색을 쓴다.

⑦ 도표보다는 그래프나 벤다이어그램을 활용하는 것이 좋다.

⑧ 글의 내용은 구조화해서 보여주는 것이 좋다.

4과

글쓰기의 절차와 방법

01 글쓰기의 준비

1) 쉬운 글쓰기부터

글쓰기는 삶의 체험을 정리하고 새로운 생각을 만드는 과정이다. 자기 주변의 체험으로부터 시작하여 소재를 찾아 쓰는 것이 좋다.

2) 글 쓰는 목적을 분명히

글을 쓰는 목적에 따라 설명적인 글, 설득을 위한 글, 실용적인 글, 정서 표현의 글 등으로 나눌 수 있다. 어떠한 방법에 따라 글을 쓰는 것이 효과적인지 생각하여 글의 종류를 선택한다.

3) 독서로 사고력과 창의성을 기르자

글은 무작정 생각만으로 쓸 수 있는 것이 아니다. 꾸준한 독서로 깊이 있는 사고력과 나만의 독창성을 기르는 것이 필요하다.

02 글쓰기의 절차

글쓰기는 크게 다음과 같은 세 단계를 거쳐 완성된다. 먼저 글쓰기의 준비 과정을 거친 다음 집필하고, 다 쓴 글을 다듬는 것이 그것이다.

1단계 무엇에 대해 쓸까? - 주제 설정, 소재 선택, 구성 및 개요 작성

2단계 계획한 대로 쓰기 - 계획한 구성에 맞춰 집필

3단계 다 쓴 글다듬기 - 작성한 글을 다시 읽고 퇴고

이 중 1단계의 준비 과정은 좋은 글을 쓰기 위해 반드시 거쳐야 한다. 상세히 글쓰기를 준비할수록 집필 과정의 실수도 줄어든다. 자세한 준비 내용과 절차는 다음과 같다.

1) 주제 설정

주제를 설정하는 것이 가장 첫 번째 과정이다. 글을 쓰기 위해서는 자기가 다룰 수 있는 범위의 내용을 구체적이고, 명확하게 설정해야 한다. 이를 위해 우선 추상적인 주제 설정으로부터 점차 범위를 좁혀 참주제, 주제문을 만들어 본다.

① 가주제 : 넓고 막연한 분야의 주제(예 사랑, 우정, 애국, 효도, 대학)

② 참주제 : 어떤 대상이나 문제에 대한 하나의 주장, 관점(예 대학 문화의 문제점과 개선방향)

③ 주제문 : 참주제를 구체적인 문장으로 완성(예 오늘날 대학문화는 서구화, 이기주의, 대중화 등의 문제점이 있으므로 전통성, 공동체 의식, 고급화 등을 통해 개선되어야 한다.)

2) 제재 선택과 정리

① 목적과 주제에 맞는 다양한 제재들을 조사, 정리한다.

② 풍부한 자료가 모두 글의 제재로 들어가지는 않는다.

③ 수집한 제재 중 주제에 부합될 수 있는 것을 선별한다.

④ 보고서나 프레젠테이션의 경우 글의 자료 선별에 특히 주의하여야 한다. 권위 있는 학술지의 논문, 전문 기관의 인터넷 사이트, 학위 논문, 신뢰할 수 있는 전문가의 견해나 책 등이 자료로 활용될 수 있다. 이들을 활용할 때에는 반드시 출처를 분명히 명시해야 한다. 개인 인터넷 사이트나 공인되지 않은 글, 출처가 불명확한 자료 등은 사용하지 않아야 한다.

3) 개요 작성

개요는 집필 전 글의 뼈대를 구성하는 일이다. 전체 글의 구성 방식과 내용, 각 항목에 들어갈 내용들을 정리하고 수정하는 과정을 통해 글이 통일성과 일관성을 잃지 않도록 하는 과정이다.

① 처음 : 글을 쓰게 된 동기, 문제제기, 글의 목적, 결론, 방법 등을 쓴다.

② 중간 : 글에 필요한 내용을 소항목으로 나누고, 각 제목에 들어갈 내용을

다시 세부 항목으로 나누어 배열한다.

③ 끝 : 요약, 전망, 제언, 강조 등의 내용을 담아 마무리한다.

개요 작성 예시

제목 : 사이버시대의 진정한 의사소통

Ⅰ. 서론 - 현대사회의 변화와 인간관계

Ⅱ. 본론

1. 인터넷, SNS의 긍정적 측면
2. 인터넷, SNS의 부정적 측면
3. 진정한 인간관계의 소통을 위한 방법

Ⅲ. 결론 - 인간관계에 대한 진정성이 필요하다

- 상위 항목과 하위 항목의 배열이 질서 있게 이루어지도록 한다.
- 번호달기 방법에 대해 숙지한다.
- 개요는 구체적으로 쓸수록 집필에 도움이 된다.
- 보고서나 제안서의 경우 개요가 확정되면 집필 시 확정할 목차를 만든다.
- 이때 개요와 목차는 같을 수도 있고, 다를 수도 있으나 개요가 좀 더 구체적이어야 한다.

4) 집필

제시된 개요에 맞춰 글을 전개한다. 이때 각 문장 사이의 관계, 문단 간의 이어짐에 주의하면서 글을 쓰도록 한다. 개요에 따라 정해진 비중을 염두에 두면서 글을 쓴다. 짧은 한 편의 글인 경우 서론 1/5, 본론 3/5, 결론 1/5 정도의 비중이 알맞다. 논문이나 보고서의 경우에는 본론이 훨씬 큰 비중을 차지한다.

5) 글다듬기

집필이 완료되었으면 다음 사항에 따라 다시 한 번 글을 읽어보며 수정한다.

- 내용 검토 : 주제의 통일성, 제목과 주제, 소재의 상호 관련성, 단락과 연결의 짜임새, 표현 방식의 적절성, 논리적 일관성 등
- 문법적 검토 : 표기, 맞춤법, 띄어쓰기, 정확한 단어 사용, 올바른 문장 작성 등

5과

글의 내용과 구조

01 글의 내용

1) 글의 내용에 필요한 요소

(1) 내용의 통일성

글은 정해진 하나의 주제를 향해 전체적인 내용이 유기적으로 연관되어 있어야 한다. 그저 많은 문장을 모아놓았다 해서 그것을 글이라고 하지는 않는다. 무릇 글이라 함은 하나의 주제를 향해 면밀한 구성을 이루면서 내용의 통일성을 갖춘 것을 의미하는 것이다. 따라서 좋은 글은 전체적인 내용이 주제를 향해 통일성 있게 전개되어야 한다. 꼭 필요한 내용이 체계적으로 모여 하나의 완전한 체제를 갖추어야 하는 것이다. 각각 분리해보면 다들 좋은 내용이더라도 그것들이 내용의 통일성을 갖추지 못한다면 좋은 글이 될 수 없다. 글 전체적인 내용의 통일성은 글이 갖추어야 할 중요한 요소이다.

논점에서 벗어난 내용은, 그 내용의 가치가 아무리 출중해도 글에서 삭제해야 한다. 일관된 논점으로 주제를 향해 조밀하게 구성된 글은 읽는 이에게도 쉽게 다가갈 수 있다. 혹 글의 전개 과정에서 불필요한 부분이 들어가지는 않았는지 세심하게 살펴보고, 전체적인 내용이 주제를 향해 결집되어 있는지 확인해야 한다.

내용의 통일성을 위해서는 다 쓴 글을 단락별로 내용을 파악해보는 것도 좋다. 각 단락의 중심 내용이 유기적으로 이어지고 있는지, 혹 주제에서 벗어난 내용이 들어가지는 않았는지, 전체 글의 내용 구조에 어울리지 않는지 면밀히 살펴보아야 한다.

(2) 주제의 선명성

좋은 글은 하고자 하는 이야기가 분명하다. 내용의 깊이를 따지기에 앞서 누가 읽든지 바로 주제파악이 가능해야 좋은 글이다. 이 말은 글에서 전달하고자 하는 주제의식이 선명하게 제시되어 있는지 점검해야 함을 의미한다. 아무리 좋은 주제라도 글을 읽는 독자가 파악할 수 없다면 생명 없는 낙서에 지나지 않는다. 따라서 좋은 글은 주제를 선명히, 정확하게 제시해야 한다.

또한 선명한 주제라도 이왕이면 참신해야 더욱 좋다. 동서고금의 좋은 내용도 진부하게 여겨지면 눈길이 가지 않는다. 참신한 주제는 독자들의 눈길을 사로잡는다. 그러나 여기서 조심할 것은 참신하다는 것은 이상하거나 괴팍스러운 것이 아니라는 점이다. 새로운 것이 좋지만 보편적 대중의 호응을 얻을 수 있는, 다른 말로 하면 공감대를 형성할 수 있어야 한다. 그래야만 그 주제가 갖고 있는 참신성이 빛을 볼 수 있다. 즉 참신함의 이면에는 대중의 용인성이 있어야 한다. 이는 독자에게 설득력 있는 주제이어야 함을 의미하는 것이기도 하다. 나 혼자만의 참신성은 참신한 것이 아니라 엉뚱한 것이다. 참신한 생각과 엉뚱한 생각은 다르다. 독자에게 공감을 불러일으킬 수 있는 참신한 주제가 중요한 것이다. 참신한 주제를 하루아침에 만들어낼 수는 없다. 그렇기에 주변에 대해 늘 새로운 시선으로 관심을 가져야 하며, 난센스, 언어유희, 브레인스토밍(Brain Storming) 같은 활동을 꾸준히 하는 것이 좋다. 독자들의 호응을 얻은 참신한 주제를 선명히 제시하는 것이 좋은 글의 조건인 것이다.

(3) 논증의 타당성

무릇 글을 쓰는 사람은 자신이 정한 주제에 대한 확신이 있는 사람이다. 그러한 확신을 문자 언어로 표현하는 것이 글인 것이다. 그런데 이렇게 확신을 갖고 있는 주제를 누군가에게 피력하기 위해서는 그 주제를 뒷받침해주는 근거가 타당하고 분명하며 객관적이어야 한다. 주제를 뒷받침하는 근거가 주관적이고 감정적이며 지극히 국소적이라면, 표방하는 주제에 대해 쉽게 공감대를 얻어낼 수는 없다. 예를 들어 '개고기를 먹으면 안 된다'는 주제가 있다고 하자. 주제에 대한 찬반, 혹은 긍부정의 판단은 개인의 선택이다. 그러나 이를 뒷받침하는 내용은 독자가 어느 쪽의 주제를 선택하는지에 상관없이 논리적이고 객관적이어야 한다. 뒷받침 내용으로 '우리 동네의 개고기 식당은 너무 비위생적이다, 개고기를 파는 사람이 나쁘다' 등의 주관적이고 감정적인 뒷받침문장은 주제를 표방하는 데 아무런 도움이 되지 않는다. 오히려 주제를 횡설수설하게 만들어서 결국 무슨 이야기를 하는지 알 수 없게 된다. 따라서 주제를 뒷받침하는 내용이 충분히 정당성이 있는지 확인해야 한다.

주제를 뒷받침하는 논증이 타당성을 갖추지 못한 글은 아무리 좋은 주제, 가치 있는 주제를 표방하더라도 생명력 없는 외침에 지나지 않는다. 타당한 근거를 논리적으로 제시하는 것은 참신한 주제를 정하는 것만큼이나 중요하다. 곧 독자에게서 호응을 얻고, 그를 설득시키는 것은 주제를 전개하는 논증의 객관성과 타당성에 달려 있는 것이다.

(4) 결론의 적절성

아무리 탁월한 문장력과 멋들어진 표현이 들어간 글이라도, 그 글의 결론이 앞부분 내용 전개와 일치하지 않는다면 좋은 글이라 할 수 없다. 서론에서 시작한 글쓰기가 본론의 내용 전개에 이어 결론에서 마무리되기까지 이들의 내용 전개가 유기적으로 잘 조직되어 있어야 한다. 좋은 내용과 멋있는 표현으로 전개했을지라도 도출된 결론이 엉뚱하면, 그 글을 읽는 독자는 주제 도출에 실패하기 쉽다.

좋은 글은 내용 전개에 맞춰 적절한 결론으로 마무리된 것이다. 따라서 글을 쓰는 이는 먼저 내용 전개와 그로 인한 결론이 제대로 도출되었는지 꼼꼼히 살펴야 한다. 그리고 글에서 제시하고 있는 문제에 대한 해결방안을 제대로 제시하고 있는지, 혹은 제시한 문제에 대한 대안을 합리적으로 제시하고 있는지에 대해 살펴야 할 것이다. 이는 아무리 좋은 이야깃거리라 하더라도, 실제적으로 독자에게 그 이야깃거리에 대해 직간접적으로 도움을 줄 수 있어야만 하기 때문이다. 그래야 독자도 더욱 적극적인 자세로 읽기에 몰입할 수 있다.

2) 글에 들어가야 할 내용

한 편의 글에 들어가야 할 내용적 요건은 다음과 같다.

첫째, 그 글의 내용적 요건에 부합하는 모든 사항들이 제대로 들어가 있어야 한다. 하나의 주제를 중심으로 글을 쓸 때 먼저 개요 짜기를 통해 전체 얼개를 엮는다. 개요 짜기에서는 필요한 내용이 적재적소에 잘 들어갈 수 있도록 구성해야 한다. 아무리 좋은 내용이라도 뒤죽박죽 구성이 되면 읽는 이에게 효과적으로 전달될 수 없다.

둘째, 내용 전개에서 반드시 들어가야 할 중요한 용어에 대한 정의가 빠지지 않았는지 확인해야 한다. 기본적인 내용이더라도 중요 용어에 대한 정의를 제시해야만 독자가 그 글을 이해하는 데 도움이 된다.

셋째, 글에서 제시하는 논거가 신뢰성이 있는지, 글의 주장을 위해 합당한 것인지 확인해야 한다. 논거에 대한 신뢰성은 주장을 보다 객관화시킬 수 있으며, 설사 독자가 그 주장에 대해 찬성하지 않더라도 '그럴 수 있지'라는 개연성을 부과해줄 수 있는 근거가 된다. 따라서 제시한 논거는 출처가 분명하고 합리성을 지니고 있어야 하며, 주장을 뒷받침하기에 충분해야 한다.

넷째, 논증은 완결성을 갖추고 있어야 한다. 글에서 주장하는 논증이 마무리가 제대로 이루어지지 않으면, 독자에게 설득력 있게 다가가기 어렵다. 따라서 논증의 완결성을 갖추고 있는지 확인해야 한다.

다섯째, 글의 전개에 있어서 자신의 분석, 평가, 판단이 얼마나 제시되었는지 확인해야 한다. 뒷받침내용은 글의 주장에 객관성과 타당성을 부여하기 위해 제시하는 것이다. 그리고 제시한 뒷받침내용을 제외하고는 글에서 표방하는 주제에 대한 글쓴이의 고유한 분석내용, 주제에 대한 평가가 분명하게 명시되어야 한다. 이를 바탕으로 주제에 대한 글쓴이의 종합적 판단이 제시되기 때문이다.

여섯째, 글에서 제시하는 주장이 일관되게 전개되고 있는지, 그리고 그 주장이 적합한 논제에 의해 증명되고 있는지를 확인해야 한다. 한 편의 글에는 하나의 주장이 들어가 있어야 하며, 글의 처음부터 끝까지 이 주장이 일관되게 기술되어야 한다. 뒷받침 내용은 이 주장을 보좌하기 위해 존재하는 것이다. 따라서 적합한 논제를 가지고 주장의 타당성이 검증되고 있는지 확인해야 한다.

일곱째, 글에서 제시되는 모든 정보가 과제와 관련된 내용이어야 하며, 크게는 글의 목적에 부합해야 한다. 아무리 좋은 내용이더라도 주장과 관련된 내용이 아니라면 과감히 삭제해야 한다. 그리고 제시한 내용은 거시적으로 글의 목적과 일치해야 한다. 제시된 내용과 전체 글에서 바라보는 방향이 일치하지 않는다면 주장의 일관성과 통일성을 확보할 수 없게 된다.

02 글의 구조

1) 형식 구조

일련의 문장이 하나의 내용으로 묶일 수 있는 단위를 단락이라고 한다. 단락은 몇 개의 문장이 전개되다가 글의 행이 바뀌기 전까지를 의미한다. 즉 몇 개의 문장이 전개되다가 행이 바뀌는 것은 이를 기점으로 새로운 내용으로 바뀜을 의미한다. 그리고 이렇게 몇 개의 문장의 집합을 단락이라 한다.

단락은 말하고자 하는 바를 분명하고 정확하게 제시하기 위해 구분하는 형식적 표지이다. 따라서 내용 전개에 있어 말하고자 하는 바를 분명히 하기 위해서는 단락을 명확히 구분해야 한다. 그러기 위해서는 글 쓰는 이는 우선적으로 단락에 대한 정확한 의식을 숙지하고 있어야 한다. 단락을 나눠야 하는 부분을 정확하게 알고 있어야 한다. 그래서 나눌 부분에서만 단락을 분리하고, 나누지 않아야 할 부분에서 단락을 나누면 안 된다. 단락 구분의 기준은 중심 생각에 있다. 하나의 단락에는 하나의 중심 생각이 들어가 있어야 한다. 그렇기에 단락을 구분하는 기준은 중심 생각이 몇 개인지에 의해 결정된다. 문장의 개수가 중요한 것이 아니라 중심 생각이 바뀌는지 그렇지 않은지에 의해 단락을 구분하면 된다. 그리고 글의 논리는 사고 단위인 단락을 중심으로 적절하게 전개해야 한다.

단락이 갖추어야 할 조건으로 크게 세 가지를 제시한다. 완결성과 통일성, 일관성이 그것이다. 완결성은 하나의 단락이 '화제 제시, 구체화, 화제 정리'의 구조로 완결성을 갖춰야 함을 말한다. 뒷받침문장과 주제문이 논리적으로 연결되어 있어야 하며, 예시, 인용, 이유제시, 분류, 분석 등의 다양한 방법으로 단락의 완결성을 획득해야 한다. 통일성은 단락을 구성하는 모든 뒷받침문장은 주제문을 향해 결집되어야 함을 말한다. 그러기 위해서는 주제문이 단일해야 하며, 한정된 개념으로 구성되어야 한다. 일관성은 내용적으로나 형식적으로 한 단락은 유기적인 조직을 형성해야 함을 말한다. 그러기 위해서는 동의어나 지시어 사용에 유의해야 하며, 연결어 등도 논리적으로 구성해야 한다.

단락을 중심으로 전개되는 논리 구조는 일반적으로 서론, 본론, 결론으로 구성된다. 글의 도입 부분으로서 문제제기나 상황제시, 호기심 유발 등에 해당되는 부분이 서론이다. 그리고 도입에서 제시한 문제를 해결하기 위한 접근방법이 본론에서 구체적으로 전개되어야 한다. 이러한 논지 전개를 바탕으로 결론에서는 도출된 문제해결법을 요약 제시하고, 그에 대한 평가 및 제언으로 구성된다. 이러한 개괄적 형식이 글의 논리 구조를 형성한다. 대략적으로 이들의 분량 비율은 1 : 3 : 1이 적당하다. 도입과 마무리는 간단하면서 명료하게 제시하고, 제시된 문제에 대한 구체적인 내용 전개는 본론에서 활발하게 이루어져야 한다. 그리하여 글의 논리적 구조는 서론에서의 상황 설정 및 문제제기, 본론에서의 문제해결을 위한 접근 및 구체적 해결방법 도출, 그리고 결론에서의 요약 및 평가라는 틀로 구성되어야 할 것이다.

2) 내용 구조

이제 한 편의 글이 갖추어야 하는 내용 구조에 대해 살펴보자. 앞 장에서 글의 형식 구조는 서론, 본론, 결론으로 구성된다고 제시했다. 그리고 이들이 논리적으로 연계되어야 함을 말했다. 이를 바탕으로 서론, 본론, 결론이 갖추어야 하는 내용 구조에 대해 살펴보자.

서론에서 다루어야 하는 내용은 먼저 연구문제를 제기해야 하고, 이 연구문제가 제기될 수 있는 이론적 배경을 개괄해야 한다. 그리고 간략하게나마 연구문제에 대한 해결방향을 제시해야 한다. 본론에서는 서론에서 제시한 문제에 대한 글쓴이의 주장과 근거를 제시해야 한다. 이때 제시되는 주장이 분명해야 할 뿐만 아니라 실질적인 내용을 담아야 한다. 그리고 주장에 대한 뒷받침내용은 구체적이어야 한다. 뒷받침내용으로 제시된 것은 신뢰성 있는 근거로 구성되어야 한다. 근거는 정확성, 정밀성, 충분성, 명료성 및 권위 있는 근거로 구성되어야 한다. 그래야 독자가 글의 주장에 대해 신뢰성과 신빙성을 갖게 된다. 결론에서는 본론의 내용을 요약하고 남은 문제를 간단히 제시한다. 이때 논의의 확대로 새로운 문제를 제기하거나, 본론의 주장을 무력하게 하는 회의적 발언은 삼간다. 이제까지 전개된 내용을 일목요연하게 정리하며, 내용에 대한 평가와 제시된 문제해결 방법을 요약 제시하는 것을 결론에서 해야 한다.

03 퇴고와 글의 구조 점검

한 편의 글이 완성되면 우선은 글의 주장에 대해 다시 한 번 주의 깊게 살펴볼 필요가 있다. 과연 이 글에서 제시하는 주장이 객관적이고 타당한 것인지 심사숙고해야 한다. 그리고 주제에 대한 점검 후 구체적으로 글의 구조를 재검토할 필요가 있다. 각 주요 장과 절의 구성을 살펴보고, 각각의 요지를 구체적으로 밝혀 보아야 한다. 이렇게 살펴본 요지를 모으면 전체 글의 개요가 될 수 있다. 따라서 각 장, 절의 내용 요약을 통해 스스로 진단해볼 필요가 있다.

글의 구조 점검은 먼저 전체 구조에 대한 점검 및 수정이 이루어져야 하고, 두 번째로 단락 내 구조에 대한 수정이 이루어져야 한다. 글 전체의 구조 수정에서는 먼저 적합한 도입과 결론 부분을 포함하고 있는지 살펴보아야 하고, 본론의 각 단락이 논제와 관련되었는지, 혹 불필요한 단락이 들어가지는 않았는지 점검해야 한다. 또한 각 단락이 논리적 구조로 구성되었는지 확인해야 한다. 혹 단락별 논지 전개에서 앞뒤 단락과 논리적 연관성이 부족하다면 삭제하는 것이 좋다. 이렇게 전체 구조에 대한 수정이 마무리되면, 다음으로 단락 내 구조 수정에 들어가야 한다. 각 단락의 요지를 명확하게 표현한 주제문이 있는지 확인해야 한다. 그리고 각 단락이 하나의 주요한 중심 내용과 연결되어 있는지 살펴야 한다. 혹 단락 내에 중심 내용과 관계없는 문장이 들어가 있다면 삭제하여 내용적 논리성을 확보해야 한다.

결국 글의 논리적 구조는 크게는 글에서 표방하는 주제를 서론, 본론, 결론에서 얼마나 논리적으로 접근하고 있는가의 문제이며, 두 번째는 각 단락의 내용이 논리적으로 연관되어 있는가의 문제이고, 세 번째는 단락 내 문장들이 논리적으로 연관되어 있는가의 문제라 할 수 있다. 다음의 도식을 통해 구체적으로 이해해보자.

글의 논리적 구조

↓

서론 → 본론 → 결론의 논리적 연결

↓

단락 → 단락 간의 논리적 연결

↓

문장 → 문장 간의 논리적 연결

6과

글쓰기의 표현 1

[한글 맞춤법]

01 맞춤법 오류

〈우리나라에서 가장 많이 틀리는 맞춤법〉

들어나다 → 드러나다	어떤 사실이나 정황이 밝혀지는 것은 '드러나다'라고 쓴다.
몇일 → 며칠	'몇날 며칠'이라는 표현을 기억해두면 편하다. '몇일'이라는 표현은 없다.
왠일인지 → 웬일인지	어인 일인지, 어쩐 일인지 예 웬일로 여기까지 다 왔니? 웬일인지 모르겠네.
금새 → 금세	'금세'는 '금시에'의 준말이다. 예 금세 바뀌었다.
예기 → 얘기	'얘기'는 '이야기'의 준말이다. 예 이런 저런 얘기를 하다보니
오랫만에 → 오랜만에	'오랜만'은 '오래간만'의 준말이다. 예 우리 아주 오랜만에 만나는구나.
문안하다 → 무난하다	별로 어려움이 없다. 단점이나 흠이 없다. 예 예심을 무난하게 통과하다. 무난한 차림새

않하고 → 안하고	않돼, 않된다 → 안 돼, 안 된다
낳다 → 낫다	병이 낳았다. → 병이 나았다. A가 B보다 더 낳다. → A가 B보다 더 낫다.
어의없다 → 어이없다	어처구니없다. 예 우리 팀은 어이없이 지고 말았다.

● '들어나다'와 '드러나다'

'가려 있거나 보이지 않던 것이 보이게 되다.' 혹은 '알려지지 않은 사실이 널리 밝혀지다.'의 의미로 '드러나다'를 씁니다. 예를 들어 '구름이 걷히자 산봉우리가 드러났다. 썰물 때는 드넓은 갯벌이 드러난다. 여름옷이지만 그 옷은 어깨가 너무 드러난다.' 또는 '진실은 반드시 드러난다. 경찰은 누구든 혐의가 드러날 경우 엄중 처벌하겠다고 밝혔다.'처럼 사용합니다.

● '몇일'과 '며칠'

'그 날의 몇째 되는 날/몇 날'의 뜻을 가진 명사는 '며칠'로 씁니다. 국어에서 '몇 일'로 적는 경우는 없으며, 항상 '며칠'로 적습니다. [며 둴]로 발음되는 '몇 월'은 관형사 '몇'과 명사 '월'이 결합한 구성이므로 '몇 월'로 적지만, '며칠'은 이와는 다릅니다. 만약 '며칠'이 관형사 '몇'과 명사 '일'이 결합된 구성이라면 '일(日)'이 실질 형태소이므로 [며 딜]로 소리 나야 할 것입니다. 그런데 [며 딜]이 아니라 [며칠]로 소리가 난다는 것은 이 말이 관형사 '몇'에 명사 '일'이 결합된 것이 아니라는 것을 말해줍니다. 그러므로 우리가 [며칠]로 소리를 내는 단어는 소리 나는 대로 '며칠'로 적는 것이 합리적입니다.

● '왠일인지'와 '웬일인지'

'어찌 된 일. 의외의 뜻을 나타낸다.'의 의미로 '웬일'이 있습니다. 예를 들면

'웬일로 여기까지 다 왔니? 네가 이렇게 일찍 일어나다니, 이게 웬일이냐? 지각 한 번 없던 그가 결석을 하다니, 웬일일까?' 등의 예가 있습니다. 이때 '웬'은 '어찌 된, 어떠한'의 의미를 가지는 관형사이고, '웬일'은 관형사와 명사가 합쳐진 합성어이므로 붙여 쓰지만, '웬 사람이야, 웬 돈이지?'의 경우에는 '웬'이 관형사로 쓰였기 때문에 띄어 씁니다.

더 알아보기 부사 '왠지'와 관형사 '웬'의 구분도 있습니다. 먼저 부사 '왠지'는 '왜인지'의 줄임말로 '왜 그런지 모르게. 또는 뚜렷한 이유도 없이'의 의미로 예를 들면 '그 이야기를 듣자 왠지 불길한 예감이 들었다. 매일 만나는 사람인데 오늘따라 왠지 멋있어 보인다.'의 예가 있습니다. '왠지'는 '왜인지'의 줄임말이므로 '왠지'로 써야 합니다. '웬지'를 쓰는 것은 잘못된 표현이고, 이렇게 쓰는 경우는 없습니다. 한편 '웬'은 '어찌 된, 어떠한'의 의미로 관형사입니다. 예를 들면 '웬 영문인지 모르다. 웬 까닭인지 몰라 어리둥절하다. 웬 걱정이 그리 많아? 이게 웬 날벼락이람.' 혹은 '골목에서 웬 사내와 마주 치다. 웬 놈이야, 떠드는 놈이?'처럼 사용됩니다. 따라서 '웬 사람이 널 찾아왔어.'나 '웬일로 그러지?'의 '웬'을 '왠'으로 적는 것은 잘못입니다.

● '금새'와 '금세'

이는 '금시에'의 줄임말 형태이기 때문에, '금세'로 적는 것이 맞습니다. '지금 바로'의 의미로 '소문이 금세 퍼졌다. 약을 먹은 효과가 금세 나타났다.' 등의 예가 있습니다.

● '이런 저런 예기를 하다보니'와 '이런 저런 얘기를 하다보니'

'이야기'의 준말은 '얘기'가 맞습니다. '결혼 얘기, 얘기를 꺼내다. 얘기를 나누다. 얘기를 털어놓다. 무슨 일인지 얘기나 좀 해보세요.' 등의 용례가 있습니다.

● '오랫만에'와 '오랜만에'

명사 '오래간만'의 준말은 '오랜만에'입니다. 예를 들면 '웅보는 오랜만에 고향 사람을 만나자 너무 반가웠다. 오랜만에 만난 친구는 많이 변해 있었다.' 등의 예가 있습니다.

더 알아보기 비슷한 표현으로 '오랫동안'이 있습니다. 이는 '시간상으로 썩 긴 동안'의 의미로 '나는 오랫동안 망설인 끝에 드디어 결심했다. 그는 같은 학교에 근무하는 한 여선생을 오랫동안 먼발치에서 혼자 좋아해 왔었다.'의 용례가 있습니다.

● '문안하다'와 '무난하다'

한자 '無難'에 '-하다'가 붙은 말로 '무난하다'가 맞습니다. 그 뜻은 1) '별로 어려움이 없다.'로 '예심을 무난하게 통과하다. 목표 달성이 무난할 것으로 전망된다.' 2) '이렇다 할 단점이나 흠잡을 만한 것이 없다.'로 '무난한 연주. 무난한 빛깔의 한복. 그 옷에는 이 모자가 무난하게 어울린다.' 3) '성격 따위가 까다롭지 않고 무던하다.'의 의미로 '그는 성격이 무난해서 친구가 많다. 워낙 무난한 사람이라 웬만한 일에는 화를 내지 않는다.'의 예가 있습니다.

더 알아보기 '문안하다'로 쓸 때는 '問安'에 '하다'를 결합시킨 어휘로 '웃어른께 안부를 여쭈다.'의 의미입니다. 예를 들면 '아버지께 문안하다. 왕에게 문안하다.'처럼 쓸 수 있습니다.

● '않하고'와 '안하고', '않돼, 않된다'와 '안 돼, 안 된다'

'않'은 '아니하-'의 줄임형태입니다. 따라서 '아니하-+하고 → 않하고'는 맞지 않습니다. '아니하고 → 안하고'라고 적는 것이 맞습니다. 예를 들어 '먹지 아니하다 → 먹지 않다'로 활용합니다. 또 '안'은 '아니'의 줄임 형태이기에 '아니 먹다 → 안 먹다'의 활용이 가능합니다.(아니하-+먹다×) '않돼, 않된다'의 경우도 '아니하-+돼, 아니하-+된다'의 결합이 아니라 '아니+돼(되어), 아니+된다'의 결합이므로 '안 돼, 안 된다'의 형태가 맞습니다.

- '병이 낳았다'와 '병이 나았다', 'A가 B보다 더 낳다'와 'A가 B보다 더 낫다'

병에 걸렸다가 완쾌되었을 때는 '낫다'를 씁니다. 동사 '낫다'는 '병이나 상처 따위가 고쳐져 본래대로 되다.'의 의미로 예를 들면 '병이 씻은 듯이 나았다. 감기가 낫는 것 같더니 다시 심해졌다.'가 있습니다. 따라서 '낫다'가 활용하여 '나았다'(ㅅ불규칙활용)를 쓰는 것이 맞으므로, '병이 나았다'로 써야 합니다. 한편 형용사 '낫다'는 '~보다 더 좋거나 앞서 있다.'의 의미로 예를 들면 '서민들 살기에는 아무래도 겨울보다 여름이 낫다. 형보다 동생이 인물이 낫다.'의 예가 있습니다. 따라서 'A가 B보다 더 낫다'가 맞는 표기입니다.

- '어의없다'와 '어이없다'

형용사 '어이없다'는 '어처구니없다.'의 뜻입니다. 당황스러운 상황에서 쓰이는 표현으로 예를 들면 '스물셋의 젊은 나이로 삼순은 어이없게 청상과부가 된 것이다. 발 하나 들여놓을 곳도 없을 지경인데 그저 들어오라고만 하니 어이없는 노릇이었다.'의 예가 있습니다.

더 알아보기 '어처구니없다'의 '어처구니'는 주로 '없다'의 앞에 쓰이며 '상상 밖의 엄청나게 큰 사람이나 사물'을 뜻하는 명사입니다. 예를 들어 '어처구니가 없는 일을 당하고 보니 한숨만 나온다. 하는 짓이 하도 어처구니가 없어서 화도 내지 못하고 있다.'의 쓰임이 있습니다.

02 어미, 접사의 오류

- "~ 해도 되요"(X) → "해도 돼요"(O)

  '돼(되-어), 되고, 되니까, 돼서(되-어서), 됐다(되-었-다), 돼요(되-어요), 돼라(되-어라), 안 돼(되-어)'의 용례에서 알 수 있듯이, '돼요'는 '되어요'의 줄임 형태입니다.

- 베개(베-개), 찌개(찌-개), 덮개

  '-개'는 접미사로 일부 동사 뒤에 붙어 '사람' 또는 '간단한 도구'의 뜻을 더하고 명사를 만들어 줍니다. 예를 들면 '오줌싸개, 코흘리개, 날개, 덮개, 지우개'가 있습니다.

- 명사형 어미는 모음이나 'ㄹ'로 끝나는 용언 뒤에서는 '-ㅁ'이, 자음으로 끝나는 용언 뒤에서는 '-음'이 쓰입니다. 예를 들어 '학교에 감. 잠을 잠. 점심을 먹음. 손을 잡음'과 같이 쓰입니다. 그리고 '있슴, 없슴'의 경우도 '있음, 없음'으로 표기해야 합니다. '볶음밥을 만듬(X) → 만듦(O), 잘 때 이를 감(X) → 갊(O), 실컷 놈(X) → 놂(O)'으로 표기하는 것이 맞습니다.

- 과거 의미의 선어말어미 '더'가 사용된 '던', '-던지', '-던가'와 선택의 의미를 가진 어미 '-든', '-든지, -든가'는 구분해서 사용됩니다. 과거 어떤 일에 대한 회상의 내용일 때는 '-더'를 결합하여 '손이 예쁘던 소녀, 아침에 먹던 밥, 그 아이가 밥을 얼마나 복스럽게 먹던지 깨물어주고 싶게 귀여웠다. 그날 아침은 얼마나 화창했던가.' 등으로 활용합니다. 그러나 두 가지 이상 상황이나 물건에 대한 선택의 내용일 때는 '-드'를 활용하여 '먹든 말든, 가든지 말든지 상관하지 않겠다, 학교를 다니든가 말든가 마음대로.' 등으로 활용합니다.

- '-대요'와 '-데요'의 구분에서 '-대요'는 '-다고 해요'의 준말로서 남의 말을 옮겨와 말할 때 씁니다. 예를 들면 '영희가 이번에 장학금 받는대요.'와 같이 씁니다. '-데요'는 자기가 과거에 경험한 것을 말할 때에 씁니다. 예를 들어 '북해도엔 눈이 많이 오데요.' '(아까 보니까) 영희가 도서관 쪽으로 뛰어가데요'와 같이 씁니다.

- 어미 '-려고', '-는지', '-는가'의 활용이 있습니다. 이들의 맞는 표현은 '-려고'의 경우는 '이제 갈라고 한다.(X) → 이제 가려고 한다.(O)'가 있습니다. '-는지'의 예로는 '얼마나 줄런지 모르겠다.(X) → 얼마나 줄는지 모르겠다.(O)', '-는가'의 예로 '얼마나 줄랑가 모르겠다.(X) → 얼마나 줄는가 모르겠다.(O)'가 맞는 표현입니다.

- '어떻게'와 '어떡해'는 표기를 구분해서 사용해야 합니다. '어떻게'는 형용사 '어떻다(어떠하다)'가 활용된 표현으로 '요즈음 어떻게 지내십니까?'처럼 사용됩니다. 그리고 '어떡해'는 '어떠하게 하다'가 줄어든 말로 '오늘도 안 오면 어떡해?'로 사용됩니다. 곧 '어떻해(X) → 어떡해(O)'가 맞는 표기이며, 여기서 '어떡'은 '어떻게'가 줄어든 형태입니다. 따라서 '어떻게 해 → 어떡해', '어떻게 해요? → 어떡해요'로 표기해야 합니다. '어떻해요(X) → 어떡해요(O)'

03 어휘의 오류

- 설겆이(X) → 설거지(O)

  '설거지'가 맞는 표기입니다.(소리 나는 대로 표기) 예를 들면 '오늘 설거지 당번은 누구야?'를 들 수 있습니다.

● 안절부절하다(X) → 안절부절못하다(O)

기본형이 '안절부절못하다'입니다. '마음이 초조하고 불안하여 어찌할 바를 모르다.'의 의미로 예를 들면 '합격자 발표를 기다리며 안절부절못하다. 거짓말이 들통 날까 봐 안절부절못하다'가 있습니다.

● (부정적 의미로) 칠칠맞다(X) → 칠칠치 못하다(O)

'칠칠하다'의 부정적 의미는 '칠칠치 못하다'입니다. 따라서 '칠칠맞다, 칠칠하다'는 긍정적 의미입니다. '칠칠맞다'는 '칠칠하다'의 속된 표현이고, '칠칠하다'는 다음의 세 가지 의미로 쓰입니다.

첫째, '나무, 풀, 머리털 따위가 잘 자라서 알차고 길다.'의 의미로 '검고 칠칠한 머리. 숲은 세월이 흐를수록 칠칠하고 무성해졌다.'의 예가 있습니다.

둘째, 주로 '못하다', '않다'와 함께 쓰여 '주접이 들지 아니하고 깨끗하고 단정하다.'의 의미로 '부월이는 아직도 칠칠치 못한 속옷 차림인 채 방 안의 아랫목과 윗목 사이를 연락부절로 서성거렸다.'의 예가 있습니다.

셋째, 주로 '못하다', '않다'와 함께 쓰여 '성질이나 일 처리가 반듯하고 야무지다.'의 의미로 '칠칠하지 못한 사람. 그는 매사에 칠칠치 않았다.'의 예가 있습니다.

● 희안하다(X) → 희한하다(O)

한자어 '稀罕-하다'로 '매우 드물거나 신기하다.'의 의미입니다. 예를 들면 '희한한 일. 처음 본 희한한 물건. 희한한 소문이 나돌다.'가 있습니다.

● 명예회손(X) → 명예훼손(O)

한자어 '名譽毁損'으로 '공공연하게 다른 사람의 사회적 평가를 떨어뜨리는 사실 또는 허위 사실을 지적하는 일'의 의미입니다. 예를 들면 '그는 명예훼손으로 친구를 고소했다.'가 있습니다.

● 맛이 아주 단백해요(X) → 담백해요(O)

한자어 '淡白하다'로 그 의미는 첫째, '욕심이 없고 마음이 깨끗하다.' (예 솔직하고 담백한 성격)

둘째, '아무 맛이 없이 싱겁다.' (예 이 집의 반찬 맛은 담백하다.)

셋째, '음식이 느끼하지 않고 산뜻하다.' (예 담백한 음식)

넷째, '빛깔이 진하지 않고 산뜻하다.' (예 담백한 색의 옷)입니다.

● 돈을 각출하다(X) → 갹출하다(O)

'갹출(醵出)하다'는 '같은 목적을 위하여 여러 사람이 돈을 나누어 내다'의 의미로 예를 들면 '모인 사람들이 갹출하여 구제 기금을 마련하였다. 성금을 갹출하다. 행사 비용을 갹출하다.'가 있습니다. 비슷한 말로 '추렴하다'가 있습니다.

● 성대묘사(X) → 성대모사(O)

'성대모사(聲帶模寫)'는 '자신의 목소리로 다른 사람의 목소리나 새, 짐승 따위의 소리를 흉내 내는 일'을 뜻합니다. 예를 들면 '성대모사를 잘하다. 역대 대통령 성대모사와 흘러간 유행가 모창이 그의 장기이다.'가 있습니다.

● 권투(X)를 빌다 → 건투(O)를 빌다

명사 '건투(健鬪)'는 '의지를 굽히지 않고 씩씩하게 잘 싸움'의 의미로 예를 들면 '건투를 빌다. 선수 여러분의 건투를 기원합니다.'처럼 쓰입니다.

● 권색 난방(X) → 곤색 남방(O) → 감색 남방(O)

'남방'은 '남방셔츠(南方, shirts)'에서 사용되는 말로 '여름에 양복저고리 대신으로 입는 얇은 옷'의 의미입니다. 간단히 줄여서 '남방'으로 사용하며, 예를 들면 '요즘 남학생들은 남방에 청바지를 즐겨 입는다.'가 있습니다. '곤색'은 일본식 한자어로 '감색'이 순화된 표현입니다. '곤색'은 일본어 'kon[紺]色'으로 '짙은 청색에 적색 빛깔이 풍기는 색'의 뜻입니다. 따라서 '감색 남방'으로 사용해야 합니다.

04 음운적 오류

(1) 'ㅐ'를 'ㅚ'로 쓰는 일이 많다.

- 햇수(횟수×) : 햇수로 삼 년 되었다. 근무 햇수에 따라 봉급에 차등을 두다.
- 헐떡대다(헐떡되다×) : 아이가 숨을 헐떡대며 뛰어와 가방을 던져 놓고 나간다. 풀숲에 몸을 숨기고 가쁜 숨을 가누느라고 헐떡대고 있노라니 발소리가 가까워 왔다.
- 환골탈태(환골탈퇴×) : 환골탈태라고 하지만 사람이 달라져도 이렇게 달라질 수 있는 것인지 놀라울 뿐이었다.

  * 환골탈태(換骨奪胎) : 뼈대를 바꾸어 끼고 태를 바꾸어 쓴다는 뜻으로, 고인의 시문의 형식을 바꾸어서 그 짜임새와 수법이 먼저 것보다 잘되게 함을 이르는 말.

(2) 'ㅟ'를 'ㅣ'로 쓰는 일이 많다.

- 남자친구를 사겨요(×) → 사귀어요(O)
- 방귀를 껴요(×) → 뀌어요(O)
- 신발이 바꼈다(×) → 바뀌었다(O)

(3) 헤메이다(×) → 헤매다(O) : 길을 헤맸다

- 설레이다(×) → 설레다(O) : 마음이 설렜다, 명사형은 '설렘'(설레임×)
- 데이다(×) → 데다(O) : 손을 뎄다 (cf. 손이 데이다(피동구문))
- 바래다(×) → 바라다(O) : 나는 우리나라의 통일을 바란다. 명사형은 '바람'(바램×)

05 띄어쓰기의 오류

- 의존명사 '데, 지'는 앞에 쓰인 관형사형 어휘와 띄어 쓰지만, 어미 '–는데, –는지'는 앞의 단어와 띄어 쓰지 않는다.

  예 우리의 목표는 우승하는 데 있다.
  성공하는 데 있어서 필수조건은 무엇보다도 건강이다.
  대학에 입학한 지 한 달이 지났다.
  우리가 만난 지 삼 년이 되었다.
  비가 오는데 춥지는 않다.
  부산에는 비가 오는지 모르겠다.

- 보조사 '부터, 까지, 조차, 마저, 나마, 보다, 만큼, 대로' 등은 앞 명사에 붙여쓴다.

  예 서울에서부터 부산까지, 서울보다 대전이 더 좋다.

  * 단, '만큼, 대로' 등의 앞에 용언의 관형사형이 올 경우에는 이들이 의존 명사로 쓰인 것이므로 띄어 쓴다. 예 먹을 만큼 먹었다. 내가 하는 대로 따라 해라.

– 국립국어원 표준국어대사전 참조

7과

글쓰기의 표현 2

[표준어 규정]

국어의 어문생활에 도움을 주고자 제정한 어문규범 중 표준어 규정은 표준어로 정해진 어휘의 표기에 관련한 내용이다. 먼저 표준어 사정원칙의 총칙을 보면 다음과 같다.

제1항 표준어는 교양 있는 사람들이 두루 쓰는 현대 서울말로 정함을 원칙으로 한다.

제2항 외래어는 따로 사정한다.

이를 구체적으로 표준어 사정원칙부터 몇 가지 기억해야 할 내용을 제시하면 다음과 같다.

01 표준어 사정원칙과 사례

제3항 다음 단어들은 거센소리를 가진 형태를 표준어로 삼는다.

예 끄나풀, 나팔꽃, 동녘, 들녘, 새벽녘, 동 틀 녘, 부엌, 살쾡이, 한 칸

예외 초가삼간, 윗간, 떨어먹다

제6항 다음 단어들은 의미를 구별함이 없이, 한 가지 형태만을 표준어로 삼는다.

예 돌, 둘째, 셋째, 넷째, 빌리다

다만, '둘째'는 십 단위 이상의 서수사에 쓰일 때에 '두째'로 한다.

예 열두째, 스물두째

제7항 수컷을 이르는 접두사는 '수-'로 통일한다.

예 수꿩(장끼), 수나사, 수놈, 수사돈, 수소(황소), 수은행나무

다만, 다음 단어에서는 접두사 다음에서 나는 거센소리를 인정한다. 접두사 '암-'이 결합되는 경우에도 이에 준한다.

예 수캉아지, 수캐, 수컷, 수키와, 수탉, 수탕나귀, 수톨쩌귀, 수퇘지, 수평아리

예외 숫양, 숫염소, 숫쥐

제8항 양성 모음이 음성 모음으로 바뀌어 굳어진 다음 단어는 음성 모음 형태를 표준어로 삼는다.

예 깡충깡충, 귀둥이, 막둥이, 쌍둥이, 바람둥이, 검둥이, 흰둥이, 발가숭이, 벌거숭이, 뻘거숭이, 보퉁이, 봉죽꾼, 뻗정다리, 아서, 아서라, 오뚝이, 주춧돌

다만, 어원 의식이 강하게 작용하는 다음 단어에서는 양성 모음 형태를 그대로 표준어로 삼는다.

예 부조(扶助) - 부좃돈, 부조금

사돈(査頓) - 밭사돈, 안사돈

삼촌(三寸) - 시삼촌, 외삼촌, 처삼촌

제9항 'ㅣ' 역행 동화 현상에 의한 발음은 원칙적으로 표준 발음으로 인정하지 아니하되, 다만 다음 단어들은 그러한 동화가 적용된 형태를 표준어로 삼는다.

예 서울내기, 시골내기, 신출내기, 풋내기, 냄비, 동댕이치다

예외 아지랑이

[붙임 2] 기술자에게는 '-장이', 그 외에는 '-쟁이'가 붙는 형태를 표준어로 삼는다. 예 미장이, 유기장이, 멋쟁이, 소금쟁이, 담쟁이덩굴, 골목쟁이, 발목쟁이

제10항 다음 단어는 모음이 단순화한 형태를 표준어로 삼는다.

예 괴팍하다(괴퍅하다×), -구먼(-구면×), 미루나무(미류나무×), 으레(으례×), 케케묵다(켸켸묵다×), 허우대(허위대×)

제12항 '웃-' 및 '윗-'은 명사 '위'에 맞추어 '윗-'으로 통일한다.

예 윗눈썹, 윗니, 윗도리, 윗목, 윗입술

다만 1. 된소리나 거센소리 앞에서는 '위-'로 한다. 예 위짝, 위쪽, 위층, 위턱

2. '아래, 위'의 대립이 없는 단어는 '웃-'으로 발음되는 형태를 표

준어로 삼는다. 예 웃돈, 웃어른, 웃옷

제14항 준말이 널리 쓰이고 본말이 잘 쓰이지 않는 경우에는, 준말만을 표준어로 삼는다.

예 귀찮다(귀치않다×), 똬리(또아리×), 무(무우×), 생쥐(새앙쥐×), 솔개(소리개×), 장사치(장사아치×)

제15항 준말이 쓰이고 있더라도, 본말이 널리 쓰이고 있으면 본말을 표준어로 삼는다.

예 궁상떨다(궁떨다×), 귀이개(귀개×), 낌새(낌×), 돗자리(돗×), 모이(모×), 부스럼(부럼×)

제16항 준말과 본말이 다 같이 널리 쓰이면서 준말의 효용이 뚜렷이 인정되는 것은, 둘 다 표준어이다.

예 노을-놀, 막대기-막대, 머무르다-머물다, 서두르다-서둘다, 서투르다-서툴다, 시누이-시누/시뉘, 외우다-외다, 찌꺼기-찌끼

제20항 사어(死語)가 되어 쓰이지 않게 된 단어는 고어로 처리하고, 현재 사용되는 단어를 표준어로 삼는다.

예 설거지(설겆이×), 애달프다(애닯다×), 오동나무(머귀나무×), 자두(오얏×)

제22항 고유어 계열의 단어가 생명력을 잃고 그에 대응되는 한자어 계열의 단어가 널리 쓰이면, 한자어 계열의 단어를 표준어로 삼는다.

예 개다리소반(개다리밥상×), 겸상(맞상×), 고봉밥(높은밥×), 방고

래(구들고래×), 부항단지(뜸단지×), 양파(둥근파×), 윤달(군달×), 총각무(알타리무×)

제24항 방언이던 단어가 널리 쓰이게 됨에 따라 표준어이던 단어가 안 쓰이게 된 것은, 방언이던 단어를 표준어로 삼는다.

예 귀밑머리(귓머리×), 빈대떡(빈자떡×), 생인손(생안손×), 역겹다(역스럽다×), 코주부(코보×)

제25항 의미가 똑같은 형태가 몇 가지 있을 경우, 그중 어느 하나가 압도적으로 널리 쓰이면, 그 단어만을 표준어로 삼는다.

예 광주리, 길잡이, 길라잡이, 담배꽁초, 부지깽이, 붉으락푸르락, 샛별, 쌍동밤, 안절부절못하다, 앉은뱅이저울, 애벌레, 주책없다

제26항 한 가지 의미를 나타내는 형태 몇 가지가 널리 쓰이며 표준어 규정에 맞으면, 그 모두를 표준어로 삼는다.

예 가는허리/잔허리, 가엾다/가엽다, 개수통-설거지통, 고깃간/푸줏간, 넝쿨/덩굴, 돼지감자/뚱딴지, 들락거리다/들랑거리다, 만큼/만치, 멀찌감치/멀찌가니/멀찍이, 모쪼록/아무쪼록, 민둥산/벌거숭이산, 바른쪽/오른쪽, 바른손/오른손, 벌레/버러지, 변덕스럽다/변덕맞다, 보조개/볼우물, 볼따구니/볼퉁이/볼때기, 뾰두라지/뾰루지, 삽살개/삽사리, 서럽다/섧다, 아무튼/어떻든/어쨌든/하여튼/여하튼, 어저께/어제, 어이없다/어처구니없다, 여쭈다/여쭙다, 옥수수/강냉이, 우레/천둥

02 추가된 표준어 목록

1) 2011년 추가된 표준어

※ 현재 표준어와 같은 뜻으로 추가로 표준어로 인정한 것(11개)

추가된 표준어	현재 표준어
간지럽히다	간질이다
남사스럽다	남우세스럽다
등물	목물
맨날	만날
묫자리	묏자리
복숭아뼈	복사뼈
세간살이	세간
쌉싸름하다	쌉싸래하다
토란대	고운대
허접쓰레기	허섭스레기
흙담	토담

※ 두 가지 표기를 모두 표준어로 인정한 것(3개)

추가된 표준어	현재 표준어
택견	태껸
품새	품세
짜장면	자장면

※ 현재 표준어와 별도의 표준어로 추가로 인정한 것(25개)

추가된 표준어	현재 표준어	뜻 차이
~길래	~기에	~길래 : '~기에'의 구어적 표현.
개발새발	괴발개발	'괴발개발'은 '고양이의 발과 개의 발'이라는 뜻, '개발새발'은 '개의 발과 새의 발'이라는 뜻임.
나래	날개	'나래'는 '날개'의 문학적 표현.
내음	냄새	'내음'은 향기롭거나 나쁘지 않은 냄새로 제한됨.
눈꼬리	눈초리	눈초리 : 어떤 대상을 바라볼 때 눈에 나타나는 표정. 예 '매서운 눈초리' 눈꼬리 : 눈의 귀 쪽으로 째진 부분.
떨구다	떨어뜨리다	'떨구다'에 '시선을 아래로 향하다'라는 뜻 있음.
뜨락	뜰	'뜨락'에는 추상적 공간을 비유하는 뜻이 있음.
먹거리	먹을거리	먹거리 : 사람이 살아가기 위하여 먹는 음식을 통틀어 이름.
메꾸다	메우다	'메꾸다'에 '무료한 시간을 적당히 또는 그럭저럭 흘러가게 하다.'라는 뜻이 있음
손주	손자(孫子)	손자 : 아들의 아들. 딸의 아들. 손주 : 손자와 손녀 아울러
어리숙하다	어수룩하다	'어수룩하다'는 '순박함/순진함'의 뜻이 강한 반면에, '어리숙하다'는 '어리석음'의 뜻이 강함.
연신	연방	'연신'이 반복성을 강조, '연방'은 연속성을 강조.
휭하니	힁허케	힁허케 : '휭하니'의 예스러운 표현.
걸리적거리다	거치적거리다	자음 또는 모음의 차이로 인한 어감 및 뜻 차이 존재
끄적거리다	끼적거리다	자음 또는 모음의 차이로 인한 어감 및 뜻 차이 존재
두리뭉실하다	두루뭉술하다	자음 또는 모음의 차이로 인한 어감 및 뜻 차이 존재
맨숭맨숭 / 맹숭맹숭	맨송맨송	자음 또는 모음의 차이로 인한 어감 및 뜻 차이 존재
바둥바둥	바동바동	자음 또는 모음의 차이로 인한 어감 및 뜻 차이 존재

새초롬하다	새치름하다	자음 또는 모음의 차이로 인한 어감 및 뜻 차이 존재
아웅다웅	아옹다옹	자음 또는 모음의 차이로 인한 어감 및 뜻 차이 존재
야멸차다	야멸치다	자음 또는 모음의 차이로 인한 어감 및 뜻 차이 존재
오손도손	오순도순	자음 또는 모음의 차이로 인한 어감 및 뜻 차이 존재
찌뿌둥하다	찌뿌듯하다	자음 또는 모음의 차이로 인한 어감 및 뜻 차이 존재
추근거리다	치근거리다	자음 또는 모음의 차이로 인한 어감 및 뜻 차이 존재

2) 2014년 추가된 표준어

⊠ 현재 표준어와 같은 뜻을 가진 표준어로 인정한 것(5개)

추가된 표준어	현재 표준어
구안와사	구안괘사
굽신*	굽실
눈두덩이	눈두덩
삐지다	삐치다
초장초	작장초

* '굽신'이 표준어로 인정됨에 따라, '굽신거리다, 굽신대다, 굽신하다, 굽신굽신, 굽신굽신하다' 등도 표준어로 함께 인정됨.

⊠ 현재 표준어와 뜻이나 어감이 차이가 나는 별도의 표준어로 인정한 것(8개)

추가 표준어	현재 표준어	뜻 차이
개기다	개개다	개기다 : (속되게) 명령이나 지시를 따르지 않고 버티거나 반항하다. ※ 개개다 : 성가시게 달라붙어 손해를 끼치다.

추가 표준어	현재 표준어	뜻 차이
꼬시다	꾀다	꼬시다 : '꾀다'를 속되게 이르는 말. ※ 꾀다 : 그럴듯한 말이나 행동으로 남을 속이거나 부추겨서 자기 생각대로 끌다.
놀잇감	장난감	놀잇감 : 놀이 또는 아동 교육 현장 따위에서 활용되는 물건이나 재료. ※ 장난감 : 아이들이 가지고 노는 여러 가지 물건.
딴지	딴죽	딴지 : (주로 '걸다, 놓다'와 함께 쓰여) 일이 순순히 진행되지 못하도록 훼방을 놓거나 어기대는 것. ※ 딴죽 : 이미 동의하거나 약속한 일에 대하여 딴전을 부림을 비유적으로 이르는 말.
사그라들다	사그라지다	사그라들다 : 삭아서 없어져 가다. ※ 사그라지다 : 삭아서 없어지다.
섬찟*	섬뜩	섬찟 : 갑자기 소름이 끼치도록 무시무시하고 끔찍한 느낌이 드는 모양. ※ 섬뜩 : 갑자기 소름이 끼치도록 무섭고 끔찍한 느낌이 드는 모양.
속앓이	속병	속앓이 : 「1」 속이 아픈 병. 또는 속에 병이 생겨 아파하는 일. 「2」 겉으로 드러내지 못하고 속으로 걱정하거나 괴로워하는 일. ※ 속병 : 「1」 몸속의 병을 통틀어 이르는 말. 「2」 '위장병01'을 일상적으로 이르는 말. 「3」 화가 나거나 속이 상하여 생긴 마음의 심한 아픔.
허접하다	허접스럽다	허접하다 : 허름하고 잡스럽다. ※ 허접스럽다 : 허름하고 잡스러운 느낌이 있다.

* '섬찟'이 표준어로 인정됨에 따라, '섬찟하다, 섬찟섬찟, 섬찟섬찟하다' 등도 표준어로 함께 인정됨.

3) 2015년 추가된 표준어

※ 복수 표준어 : 현재 표준어와 같은 뜻을 가진 표준어로 인정한 것(4개)

추가 표준어	현재 표준어	뜻 차이
마실	마을	• '이웃에 놀러 다니는 일'의 의미에 한하여 표준어로 인정함. '여러 집이 모여 사는 곳'의 의미로 쓰인 '마실'은 비표준어임. • '마실꾼, 마실방, 마실돌이, 밤마실'도 표준어로 인정함. 예 나는 아들의 방문을 열고 이모네 마실 갔다 오마고 말했다.
이쁘다	예쁘다	• '이쁘장스럽다, 이쁘장스레, 이쁘장하다, 이쁘디 이쁘다'도 표준어로 인정함. 예 어이구, 내 새끼 이쁘기도 하지.
찰지다	차지다	• 사전에서 〈'차지다'의 원말〉로 풀이함. 예 화단의 찰진 흙에 하얀 꽃잎이 화사하게 떨어져 날리곤 했다.
-고프다	-고 싶다	• 사전에서 〈'-고 싶다'가 줄어든 말〉로 풀이함. 예 그 아이는 엄마가 보고파 앙앙 울었다.

※ 별도 표준어 : 현재 표준어와 뜻이 다른 표준어로 인정한 것(5개)

추가 표준어	현재 표준어	뜻 차이
꼬리연	가오리연	• 꼬리연 : 긴 꼬리를 단 연. • 가오리연 : 가오리 모양으로 만들어 꼬리를 길게 단 연. 띄우면 오르면서 머리가 아래위로 흔들린다. 예 행사가 끝날 때까지 하늘을 수놓았던 대형 꼬리연도 비상을 꿈꾸듯 끊임없이 창공을 향해 날아올랐다.
의론	의논	• 의론(議論) : 어떤 사안에 대하여 각자의 의견을 제기함. 또는 그런 의견. • 의논(議論) : 어떤 일에 대하여 서로 의견을 주고받음. • '의론되다, 의론하다'도 표준어로 인정함. 예 이러니저러니 의론이 분분하다.

이크	이키	• 이크 : 당황하거나 놀랐을 때 내는 소리. '이키'보다 큰 느낌을 준다. • 이키 : 당황하거나 놀랐을 때 내는 소리. '이끼'보다 거센 느낌을 준다. 예 이크, 이거 큰일 났구나 싶어 허겁지겁 뛰어갔다.
잎새	잎사귀	• 잎새 : 나무의 잎사귀. 주로 문학적 표현에 쓰인다. • 잎사귀 : 낱낱의 잎. 주로 넓적한 잎을 이른다. 예 잎새가 몇 개 남지 않은 나무들이 창문 위로 뻗어올라 있었다.
푸르르다	푸르다	• 푸르르다 : '푸르다'를 강조할 때 이르는 말. • 푸르다 : 맑은 가을 하늘이나 깊은 바다, 풀의 빛깔과 같이 밝고 선명하다. • '푸르르다'는 '으불규칙용언'으로 분류함. 예 겨우내 찌푸리고 있던 잿빛 하늘이 푸르르게 맑아 오고 어디선지도 모르게 흙냄새가 뭉클하니 풍겨 오는 듯한 순간 벌써 봄이 온 것을 느낀다.

⊠ 복수 표준형 : 현재 표준적인 활용형과 용법이 같은 활용형으로 인정한 것(2개)

추가 표준어	현재 표준어	뜻 차이
말아 말아라 말아요	마 마라 마요	• '말다'에 명령형어미 '-아', '-아라', '-아요' 등이 결합할 때는 어간 끝의 'ㄹ'이 탈락하기도 하고 탈락하지 않기도 함. 예 내가 하는 말 농담으로 듣지 마/말아. 얘야, 아무리 바빠도 제사는 잊지 마라/말아라. 아유, 말도 마요/말아요.
노랗네 동그랗네 조그맣네 …	노라네 동그라네 조그마네 …	• ㅎ불규칙용언이 어미 '-네'와 결합할 때는 어간 끝의 'ㅎ'이 탈락하기도 하고 탈락하지 않기도 함. • '그렇다, 노랗다, 동그랗다, 뿌옇다, 어떻다, 조그맣다, 커다랗다' 등등 모든 ㅎ불규칙용언의 활용형에 적용됨. 예 생각보다 훨씬 노랗네/노라네. 이 빵은 동그랗네/동그라네. 건물이 아주 조그맣네/조그마네.

한글 맞춤법 문제

01 다음 중에서 바르게 표기한 것을 고르세요.

① 일의 순서가 (꺼꾸로, 거꾸로) 되었다.

② 진수는 땅바닥에 (털썩, 털석) 주저앉고 말았다.

③ 회의 시간에 사람들이 끼리끼리 (쑥떡거렸다, 쑥덕거렸다.)

④ 장인어른에게 (넙쭉, 넙죽) 절을 했다.

02 밑줄 친 부분의 표기가 맞는 것은?

① 라면에 적당히 익은 깍뚜기와 찬밥은 그 누구도 부인할 수 없는 맛의 조화라니까.

② 오늘 새벽에 설날 귀성 열차표를 예매하려고 서울역에 갔는데 야단법썩이 낫더라.

③ 골목길에서 갑짜기 뛰어든 아이들 때문에 하마터면 교통사고를 낼 뻔했어.

④ 혹시나 네가 치킨이라도 사올 줄 알고 잔뜩 기대하면서 안자고 있었단 말이야.

03 밑줄 친 부분의 표기가 맞는 것은?

① 돋자리가 없으면 신문지라도 깔고 앉으면 되니 너무 까다롭게 굴지 마라.

② 덛저고리가 너무 큰데, 품을 좀 맞춰야 하지 않을까요?

③ 깜빡 졸다가 자칫하면 중앙선을 넘어 거꾸로 달릴 뻔했다.

④ 아이들은 어렸지만 사뭇 진지하게 경청하는 분위기였다.

04 다음에서 바르게 표기한 것을 고르세요.

① 분위기가 너무 (냉랭했다, 냉냉했다.)

② 옛날이면 금 열 (냥, 양) 값인데.

③ 올해의 물가 (상승율, 상승률)은 지난해보다 높다.

④ 그 분을 기리는 (충렬탑, 충열탑)이 세워졌다.

05 밑줄 친 부분의 표기가 맞는 것은?

① 년도(年度)별 생산실적이 계속 떨어지고 있다.

② 2000연도(年度)부터 이 회사에서 근무하고 있다.

③ 이 영화는 1950년대(年代)의 한국사회의 모습을 잘 보여주고 있다.

④ 세상인심이 년년(年年)이 변한다.

06 다음에서 바르게 표기한 것을 고르세요.

① 하루 한 시간 공부하는 것도 내게는 (중노동, 중로동)이다.

② 오늘 해야 할 (작업량, 작업양)을 다 채우기 바랍니다.

③ (펜팔란, 펜팔난)에서 친구를 찾았다.

07 밑줄 친 부분의 표기가 맞는 것은?

① 고냉지 바나나가 더 비싸다.

② 남존녀비 사상이 아직도 남아 있다.

③ 연말년시는 모임이 많다.

④ 회계연도는 1월 1일부터 시작한다.

08 다음 중 옳은 표기를 고르세요.

① 찾아 주셔서 감사합니다. 안녕히 가십시오.

② 학교가 가까와서 다니기 편해.

③ 집에 가는 길에 한 번 들려.

④ 갑자기 정전이 되는 바람에 자료가 다 날라가 버렸어.

09 다음 중 잘못된 표기를 고르세요.

① 우리들의 힘은 만능이 아니요, 오직 노력의 결과다.

② 우리의 만남은 우연이 아니요.

③ 예, 아니요로 답하시오.

④ 나는 네가 아니요, 그도 아니로다.

10 다음 중 잘못된 표기를 고르세요.

① 범죄 사실이 드러남에 따라 그는 점점 초조해졌다.

② 국어 피동표현에 대해 논하시오.

③ 저는 커서 국어선생님이 될 거에요.

④ 어제 창문 깬 사람이 너지? 아니오, 저 아니에요.

11 다음 중 표기가 잘못된 문장을 고르세요.

① 파도가 부서지는 바위섬으로 떠나고 싶어라.

② 이러한 현상을 일컫어서 적조현상이라고 한다.

③ 병이 말끔하게 나았다.

④ 둘이 좀 그렇고 그래서 오해 좀 했지.

12 다음 중 표기가 잘못된 문장을 고르세요.

① 축배를 들기에는 아직 일러.

② 아기에게 분유를 타서 먹였다.

③ 찬 물에 담궜다가 꺼내면 더 쫄깃해지지.

④ 얼마나 돌아다녔으면 팔뚝까지 까마네.

13 잘못된 표기가 없는 문장을 고르세요.

① 선생님께서도 아시다시피, 제가 그 곳을 잘 압니다.

② 네 말을 듣고 보니, 그게 또 그렇네.

③ 내가 그런 것은 아니여서 다행이다.

④ 시끄러워서 잠을 잘래야 잘 수가 없잖아.

14 잘못된 표기가 없는 문장을 고르세요.

① 키도 짧따란 게, 까불지 마.

② 살아남은 내 유일한 피붙이를 어찌 잊겠는가.

③ 목아지가 길어 슬픈 짐승이여.

④ 그 집 떡볶기는 너무 맛있던데.

15 다음 중 잘못된 표기를 고르세요.

① 목소리가 굵다란 것을 보니 어른이 다 되었구나.

② 저 끄트머리에 가서 조용히 있어야겠군.

③ 고개 넘어 보이는 곳이 나의 고향이란다.

④ 귀에 걸면 귀걸이, 코에 걸면 코걸이.

16 잘못된 표기가 없는 문장을 고르세요.

① 바쁜 가운데서도 틈틈히 실력을 쌓아갔다.

② 얼마나 좋은지 하늘을 날으는 기분이었다.

③ 늙으막에 삶의 또 다른 재미였다.

④ 방도 널찍하니 그 집이 좋겠어.

17 잘못된 표기가 없는 문장을 고르세요.

① 웬지 오고 싶더라니, 이렇게 맛있는 것이 있었네.

② 소포를 붙였으니 확인해보기 바란다.

③ 세 문제 중 두 문제를 맞췄습니다.

④ 설레이는 마음을 안고 찾아가는 그 길

⑤ 그렇게 중요한 것을 빠뜨리고 나오다니

18 잘못된 표기가 없는 문장을 고르세요.

① 제발 버스 정류장에서는 담배를 피지 마세요.

② 종일 집에만 붙박혀 있으니, 취직이 될 리가 없지.

③ 오늘 오후부터는 날이 개인다니, 예정대로 진행하자.

④ 그 때가 어렴풋이 기억나는구먼.

⑤ 칠전팔기의 오뚜기 정신을 이어받자.

19 다음 중 잘못된 표기가 없는 문장을 고르세요.

① 점점 뚜렷히 보이기 시작했다.

② 우리 집 개는 등에 점이 박힌 얼룩이.

③ 굳은살이 박혀서 살이 딱딱해졌어.

④ 그의 그런 행동은 일찌기 없었던 일이다.

⑤ 밤을 새워 오는 벌레는 제 이름을 부끄러워하기 때문입니다.

20 다음 중 옳은 것을 고르세요.

① 딱딱한 호두를 깨물다가 (앞니, 앞이)가 부러졌다.

② 요즘 단 것을 너무 많이 먹었더니 (사랑니, 사랑이)가 썩은 것 같다.

21 밑줄 친 단어의 표기가 맞는 것은?

① 밤 새워 시험공부를 하고 났더니 곯병이 났다.

② 그는 무슨 일을 하든 끝짱을 보고야 만다.

③ 여행을 다녀온 이틀날 회사에 지각을 했다.

④ 우리 어머니께서는 바늘질을 참 잘하신다.

⑤ 차조를 넣었더니 밥맛이 훨씬 좋다.

22 다음 중 옳은 것을 고르세요.

① 이 노래는 (노래말, 노랫말)이 참 마음에 들어요.

② 어제 회의에서 제 (인사말, 인삿말)이 괜찮았나요?

23 밑줄 친 한자의 표기가 바른 것을 고르세요.

① 이제는 세방(貰房)살이에서 벗어나고 싶다.

② 불량상품은 모두 회수(回收)되어야 합니다.

③ 수학을 잘 하려면 수자(數字)에 밝아야 한다.

④ 시청으로 가려면 곳가(高架)도로를 이용하세요.

⑤ 배가 아플 때는 냇과(內科)진료를 받아야 한다.

24 다음 중 옳은 것을 고르세요.

① 버스에 어서 (타아, 타)

② 얼음을 녹이면 물이 (되요, 돼요)

25 다음 중 표기가 바른 것을 고르세요.

① 철수는 영희와 사겨요.

② 방금 네가 방귀 꼈지?

③ 오늘 중으로 선생님을 봬라.

④ 책 표지에 이름이 씌여 있어요.

⑤ 아래 문장은 뜨여쓰기가 잘못됐어요.

26 다음 중 옳은 것을 고르세요.

① (어떻든, 어떠튼) 좋을 대로 하세요.

② 이번 일에는 (적잖게, 적쟎게) 실망했습니다.

27 다음 중 표기가 바른 것을 고르세요.

① 저만 쏙 빼놓으시니 여간 섭섭치 않아요.

② 청소를 한 번 더 하는 것 정도는 별로 귀찮잖은 일이야.

③ 중학생이 5개 국어를 하다니, 정말 평범찮군!

④ 감기에 심하게 걸렸지만 아무러치도 않은 척 공부했어요.

⑤ 생각컨대 그 땐 네가 잘못한 것 같구나.

28 다음 중 옳은 표기를 고르세요.

① 누나도 (형만큼, 형 만큼) 키가 크다.

② 소문만 (무성할 뿐, 무성할뿐) 확실한 실체가 없었다.

③ 그냥 (느낀 대로, 느낀대로) 말해 보세요.

④ 지난번에 (식사했던데, 식사했던 데)가 이 근처 아닌가?

⑤ 그들은 (결혼한지, 결혼한 지) 3년 만에 집을 장만했다.

29 다음 중 띄어쓰기가 잘못된 것을 고르세요.

① 큰삼촌의 직업은 시인이다.

② 우리 형은 미술 보다 음악을 좋아한다.

③ 상여금은커녕 월급도 제대로 못 받았다.

④ 모두들 집에 가고 교실에는 나밖에 없었다.

⑤ 종업원들이 "어서 오십시오."라고 큰 소리로 외쳤다.

30 다음 중 띄어쓰기가 잘못된 것을 고르세요.

① 피아노 칠 줄 아는 사람?

② 김민수 씨는 어제 퇴원했습니다.

③ 과일에는 사과, 배, 감 들이 있다.

④ 제가 말씀드리고자 하는 바는 간단합니다.

⑤ 당시에는 고등학교를 졸업하고 바로 취직할 수 밖에 없었다.

31 다음 중 허용이 잘못된 것을 고르세요.

원칙		허용
① 열두 시 사십이 분	→	열두시 사십이분
② 고등학교 삼 학년	→	고등학교 삼학년
③ 9 동 102 호	→	9동 102호
④ 이 년 이 개월간 복무	→	이년 이개월간 복무
⑤ 312 번지	→	312 번지

32 다음 중 띄어쓰기가 잘못된 것을 고르세요.

① 그는 장관 겸 부총리이다.

② 저 친구는 항상 잘난 체를한다.

③ 우리 학교가 5 대 3으로 이겼다.

④ 이집 저집을 돌아다니면서 선물을 나누어 주었다.

⑤ 이 도시의 인구는 칠백육십오만 사천삼백이십일 명이다.

33 다음 중 띄어쓰기가 잘못된 것은?

① 유럽은 가 볼만한 곳이다.

② 음악을 들어도 보고 싶다.

③ 손님에게 과일을 깎아 드렸다.

④ 어머니의 졸업장이 빛나 보인다.

⑤ 역에 늦게 도착하는 바람에 기차를 놓칠 뻔하였다.

34 다음 중 밑줄 친 말의 표기가 잘못된 것은?

① 책을 읽으며 느긋이 친구를 기다렸다.

② 일이 끝나는 대로 속히 돌아오겠습니다.

③ 틈틈히 사들인 책이 어느새 삼천 권을 넘었다.

④ 아무도 없는 집을 나 혼자 쓸쓸히 지키고 있었다.

⑤ 번거로이 왔다 갔다 하지 말고 전화하는 것이 좋을 것 같습니다.

35 다음 중 밑줄 친 말의 표기가 잘못된 것은?

① 날씨가 왜 이리 추울꼬?

② 나라고 대장부가 아닐쏘냐?

③ 높이 올라갈수록 기온은 떨어진다.

④ 동생한테 내가 잘못했다고 미리 사과할껄.

⑤ 무모한 행동일지언정 용감한 행동은 아니다.

36 밑줄 친 말의 표기가 올바른 것은?

① 여기도 낚싯군들이 많이 모여 있다.

② 뚝빼기에 끓인 된장찌개가 맛이 있다.

③ 나뭇군들이 삼삼오오 산으로 올라가고 있다.

④ 널판때기로 엉성하게 만든 부엌문이라 고장이 잦다.

⑤ 어머니는 마루 귀퉁빼기에 쪼그려 앉아 아버지를 기다리신다.

37 다음 중 밑줄 친 말의 표기가 잘못된 것은?

① 그 부부는 사사건건 부딪히더니 결국 이혼하고 말았다.
② 고무줄을 엿가락처럼 늘였다.
③ 언니는 만날 나한테 심부름을 시킨다.
④ 자선공연을 해서 꽤 많은 성금이 걷혔다.
⑤ 국어 수업을 마친 후에 종로에서 약속이 있다.

38 다음 중 쉼표의 사용이 잘못된 것을 고르세요.

① 닭과 지네, 개와 고양이는 상극이다.
② 철수가, 내가 제일 좋아하는 친구이다.
③ 그래서, 나는 늦기 전에 집에 돌아가겠다.
④ 여름에는 바다에서, 겨울에는 산에서 휴가를 즐겼다.
⑤ 용기, 이것이야말로 무엇과도 바꿀 수 없는 우리의 자산이다.

39 다음 중 문장부호와 예시가 잘못 연결된 것은?

① 빗금 예 착한 사람 / 악한 사람
② 강조점 예 한글의 본 이름은 훈민정음이다.
③ 쌍점 예 주시경 : 국어 문법, 서울 박문서관, 1910
④ 쉼표 예 나는, 솔직히 말하면, 그 말이 별로 탐탁하지 않소.
⑤ 가운뎃점 예 공주 · 논산, 천안 · 아산 · 천안 등 각 지역구에서 국회의원을 뽑는다.

40 다음에서 잘못 사용된 문장부호를 고르세요.

> 3 · 1운동(1919년) 당시 나는 중학생에 ― 아무것도 모르는 나이에 불과했다. 그렇지만 무엇이 옳고 그른지는 알 수 있었다. 배운 사람들이 어찌 아무런 이유 없이 한 민족을 그토록 억압할 수 있단 말인가? 남을 억압하는 사람들은, 만약 그들이 다른 사람에게 동일한 억압을 당해 본다면, 남을 억압하는 일이 얼마나 나쁜 일인지 깨달을 것이다.

① 쉼표 ② 줄표 ③ 물음표 ④ 소괄호 ⑤ 가운뎃점

– 국립국어원

정답

01 거꾸로, 털썩, 쑥덕, 넙죽 02 ④ 03 ③ 04 냉랭, 냥, 상승률, 충렬탑 05 ③
06 중노동, 작업량, 펜팔난 07 ④ 08 ① 09 ⑤ 10 ③ 11 ② 12 ⑤
13 ① 14 ② 15 ③ 16 ④ 17 ⑤ 18 ④ 19 ⑤ 20 앞니, 사랑니
21 ⑤ 22 노랫말, 인사말 23 ② 24 타, 돼요 25 ③ 26 어떻든, 적잖게
27 ② 28 형만큼, 무성할 뿐, 느낀 대로, 식사했던 데, 결혼한 지 29 ② 30 ⑤ 31 ④
32 ② 33 ① 34 ③ 35 ④ 36 ④ 37 ① 38 ③ 39 ② 40 ②

8과

글쓰기의 표현 3

[적절한 어휘와 문장]

01 적절한 어휘

표준어 규정 못지않게 중요한 것이 적절한 어휘의 선택이다. 전달하고자 하는 내용을 보다 정확하고 섬세하게 표현할 수 있는 어휘 선택이 좋은 글을 쓰는 한 방법이다. 여기에서는 어휘 선택 시 고려해야 할 몇 가지 사항에 대하여 알아본다.

- 의미가 명료한 어휘 선택

  누가 들어도 같게 생각을 할 수 있는, 즉 의미가 분명한 어휘를 선택하는 것이 좋다.

  예 기분이 좋았다.

- 자신이 아는 어휘 사용

  어딘가에서 얼핏 들은 말을 의미도 제대로 모른 채 무작정 쓰는 경우, 오해를 사거나 자신의 무지를 드러낼 수 있다. 의미를 정확히 모르는 어휘는 사전에서 그 의미를 확인하고 써야 한다.

예 오늘 아침 우리 집에서는 한바탕 소동이 벌어졌다. 5분이라도 더 자려고 안간힘을 쓰는 나와 어떻게든 깨우려는 엄마와의 한판승이었다.

● 널리 통용되는 어휘 선택

꼭 필요한 경우를 제외하고는 전문어를 쓰지 않는 것이 좋다. 부득이 전문어를 써야 할 때에는 겸손한 자세로 구체적인 설명을 첨부할 필요가 있다. 또 외국어나 외래어도 자칫하면 잘난 척하는 듯한 인상을 주기 쉽고, 청자에게 건방지다는 말을 들을 수 있으므로 자제해야 한다.

예 얼른 씻고 나와서 상처에 dressing(드레싱) 해야 해. 안 그러면 균이 퍼져 발열과 함께 woundinfection(종창)이 생길 수도 있어.

● 은어, 비속어 사용 자제

말할 때 은어, 비어, 속어 등을 사용하는 것은 상대방에게 불쾌감을 줄 수 있다. 성숙한 사람들이 이러한 어휘를 사용하는 것은 결국은 자신의 품위를 깎아내리는 것이다. 은어는 발화상황에 맞게 발화할 경우 말의 재미를 줄 수 있으나 너무 빈번히 발화하면 화자에 대한 신뢰감을 떨어뜨린다.

예 아, 고딩? 이리 좀 와 봐. 어? 내 말 씹냐?
요즘 쩐이 떨어져서리.

● 표준어의 사용

자기 고향의 방언을 사용하는 것이 때로는 정감 있게 들리기도 한다. 그러나 의미 전달에 방해를 가져올 수 있기 때문에 자제하는 것이 좋다. 특히 공적인 담화상황에서는 반드시 표준어를 써야 한다.

예 여러분, 요즘 우리 경제가 말이 아니지 않습니까요? 이럴 때일수록 정신을 차려부려야 합니다.

예 아따, 여러분. 지금처럼 살면 안됩니다요이. 알겄습니까?

예 애매합니다 잉. 저는 애정남입니다요 잉.

예 으아… 멘탈 붕괴……

02 정확한 문장

맞춤법에 유의하고 적절한 어휘를 선택했다면, 이제 이것을 정확한 문장으로 표현해야 한다. 정확한 문장은 의미해석의 명료성을 제공한다. 구조적으로 분명하게 사용하여야 하고, 알 수 있는 어휘 성분을 생략할 때에도 분명해야 한다. 이것을 제대로 지키지 않으면 문장 의미가 불분명한 중의문이나, 문법적으로 맞지 않는 비문이 될 수도 있다. 다음에 정확한 문장을 작성하기 위해 주의해야 하는 몇 가지 사항을 제시한다.

- 문장이나 구를 접속할 때에는 중첩되는 성분만을 생략한다.

  예 자연을 지배하고 복종한다.

- 대등한 성분을 접속하였는지 확인한다.

  예 소생의 자식 결혼 시 축복과 격려하여 주신 데 대하여 감사를 드립니다.

- 접속할 때 태(수동태와 능동태)의 일관성을 유지하였는지 확인한다.

  예 훈민정음은 그 뒤에 '언문, 반글'로 불리다가 20세기 초에 한글학자 주시경이 '한글'이란 이름을 쓰기 시작했습니다.

● 주어와 술어가 제대로 호응하는지 확인한다.

예 내가 이과(理科)를 택한 것은 이공 계열 출신들이 우리나라의 산업을 발전시키는 일에 큰 몫을 하며, 또한 사회적으로 대우도 잘 받고 있다는 판단에서 이과를 택하였다.

● 필요한 성분을 생략하지 않는다.

예 지금 내가 살고 있는 옥천동은 예전에는 농촌이었던 곳인데 태어난 곳은 아니다.

03 응집성

글에서의 응집성은 내용상의 결속성을 의미한다. 한 편의 글이 내용상 일관성을 유지하기 위해서는 주제와의 면밀한 관계를 유지해야 한다. 이를 위해서는 적절한 지시어와 접속어를 사용하여 문장과 문장을 제대로 결합시키고, 한 문단 안에서 문단의 통일성을 해치는 문장이나 전체 글의 흐름에 불필요한 문단은 삭제해야 한다. 그렇게 해야 전체 글의 응집성(통일성)을 제대로 유지할 수 있다. 다음은 응집성을 갖춘 글이다.

예 나무를 정성껏 가꾸었다. 그래서 나무가 잘 자랐다.
나무를 정성껏 가꾸었다. 그러나 나무가 잘 자라지 않았다.

예 여러 사람의 칭송을 받고 싶은 심정은 인간에게 매우 자연스러운 것이며 사실과 부합하는 명성은 삶의 보람과도 연결되는 크나큰 축복이다. 그러나 우리에게 가장 중요한 것은 자아의 성장이며, 명예는 부차적인 가치 이상의 것이 될 수 없다.

연극 '햄릿' 들고 한국 찾은 독일 연출가 오스터마이어

"연출가는 세상을 관찰한 뒤 새로운 것을 ㉠만들어 내는 것을 필요로 한다. 나는 이런 생각에 ㉡기반한 내 작품이 실험적이라고 보지 않는다. 연출 ㉢방식에 있어서는 오히려 구식이라고 생각한다. 그래서 무대나 음악 같은 데 신경쓰기보다 배우들과 ㉣얘기를 하는 데 많은 시간을 보내는 편이다."

일찌감치 '차세대 대표주자'로 ㉤손꼽혀 온 독일의 연출가 토마스 오스터마이어(42)가 연극 '햄릿'을 들고 한국을 찾았다. 오스터마이어에 따르면 연극에서 가장 중요한 것은 배우와 드라마다. ㉥그에 따르면 무대나 음악은 개인적 취향이라고 보면 된다.

– 왜 '햄릿'인가

"고전 재해석은 힘든 작업이다. 언어, 장소, 시간 등의 ㉦문제로 인해서다. '햄릿'은 일생에 한 번은 해야 할 작업이었다. 그래서 다른 연출을 ㉧오랜동안 지켜봤다. 마음에 드는 연출이 없었다. 연출에 일종의 허영심이 투사돼 있었다. '햄릿'은 암흑 같은 상황에서 유일하게 떳떳한 ㉨1명의 인물이 등장하는 작품이다. 그러다 보니 연출가가 자신을 그 인물에 투영하더라."

㉠ 만들어 내는 것을 필요로 한다 → 만들어 내야 한다

의미가 통하도록 간결하게 고친다.

㉡ 기반한 → 기반을 둔/기초한

'기반하다'는 말은 없다. '기반을 둔' 또는 '기초한'으로 표현한다. 기반(基盤)은 '기초가 되는 바탕. 또는 사물의 토대'를 뜻한다. '기반을 닦다', '기반을 다지다', '기반을 두고', '경제적 기반 위에'처럼 쓰인다.

㉢ 방식에 있어서는 → 방식은

'~에 있어서는'을 간결한 표현으로 고쳐 쓴다.

㉣ 얘기를 하는 → 얘기하는

'얘기를 하는'은 앞말인 '신경 쓰기보다'와 같은 자격으로 나열된 말이다. '신경 쓰다'에 목적격 조사 '를'이 생략되어 있으므로 이곳도 '를'을 생략하여 형태를 일치시키는 게 좋다. '를'이 들어가면 뒷말인 '시간을 보내는'의 '를'과 충돌하여 글이 늘어지는 감도 있다.

㉤ 손꼽혀 온 → 꼽혀 온

'손꼽히다'는 '손꼽히는 갑부다'의 예처럼 '(손가락 안에 들 만큼) 뛰어나거나 그 수가 적다'는 뜻으로 쓰이고, '꼽히다'는 '우승 후보로 꼽히다'처럼 '어떤 범위 내에 들다'라는 뜻으로 쓰인다. 본문의 내용은 후자 쪽이다.

㉥ 그에 따르면 무대나 음악은 개인적 취향이라고 보면 된다
→ 무대나 음악은 개인적 취향이라고 본다는 것이다

바로 앞 문장이 '오스터마이어에 따르면'으로 시작하므로 '~에 따르면'의 중복 표현을 피해 부연 설명하는 형식을 취하는 게 좋다.

㉦ 문제로 인해서다 → 문제 때문이다

앞 문장의 이유를 설명하는 내용이므로 이유를 뜻하는 '때문이다'를 쓴다. '인해서다'는 원인을 나타내므로 이 상황에 적합하지 않다.

㉧ 오랜동안 → 오랫동안

'오랫동안'이 바른 표기이다.

㉨ 1명의 인물이 → 인물 한 명이

숫자를 뒤쪽에 표현하는 게 자연스럽다.

사투리 단상

㉠오래 전 시골에서 ㉡상경한 ㉢길 모퉁이의 찻집 주인은 경상도 억양이 거세다. 서울 생활에 맞추느라 무던히 애를 쓰지만 쉽지가 않다. 종종 있는 그와 찻집 ㉣손님들과의 이야기 자리는 자칫 싸우는 것으로 오해되기도 한다. 불쑥불쑥 터지는 사투리는 어쩔 수 없는 모양이다.

㉤놀림삼아 말투를 바꿔 주려 들면 정색하며 태도를 바꾼다. 그러고는 같은 말이라도 이왕이면 '사투리'가 아닌 '방언'이라고 해 달라고 한다. 그러나 사투리가 있는 ㉥찻집은 그가 사는 모습을 있는 그대로 엿볼 수 있었다.

군 복무 시절 경상도 출신 후임병이 그랬다. 아무리 교정을 해 줘도 번번이 '쌀'이 아닌 '살'이다. ㉦낮에는 무덥지만 밤에는 제법 선선해진 ㉧어느날 저녁 ㉨놀림삼아 얼차려도 줘봤다. 하지만 그때뿐. ㉩별무소득이 없었다. 후임병의 입에서 '쌀'은 어김없이 '살'로 되살아났다. 말투의 멍에는 정말 벗기가 ㉪힘든 것임에 틀림없나 보다.

남자 직원들만 있는 어느 직장의 해프닝

㉫팀웍을 다지기 위한 야유회 논의가 한창이었다. 경상도 출신 팀장이 "여승(여성)도 데려가자"는 제안을 내놓았는데…. 누구의 공이었는지 야유회에 비구니가 환히 웃고 나타났단다. 혀에 익은 말버릇이야 쉽사리 버릴 수가 있을까. 군 시절 뭣하러 얼차려까지 줬을까. 지금도 여전히 ㉬'살'일텐데.

㉠ 오래 전 → 오래전

'오래전'은 한 단어이므로 붙여 쓴다.

ⓛ 상경한 → 서울로 온

'상경'은 '서울로 올라온다'는 뜻인데, 이는 서울을 높이는 서울 중심적 사고에서 나온 표현이다. 가능하면 '서울로 오다/가다'로 표현하는 게 좋겠다.

ⓒ 길 모퉁이 → 길모퉁이

'길모퉁이'는 한 단어이므로 붙여 쓴다.

ⓡ 손님들과의 → 손님들의

앞쪽에 '그와'라는 표현이 있으므로 '손님들과의'에서 '과'는 필요 없는 말이다. '과'를 빼는 게 자연스럽다.

ⓜ, ⓩ 놀림삼아 → 놀림 삼아

'놀림 삼다'는 한 단어가 아니므로 띄어 쓴다.

ⓑ 찻집은 그가 사는 모습을 있는 그대로 엿볼 수 있었다

→ 찻집에서는 그가 사는 모습을 있는 그대로 엿볼 수 있었다

'찻집은'과 '엿볼 수 있었다'가 자연스럽게 이어지려면 '찻집에서는'이 돼야 한다.

ⓢ 낮에는 무덥지만 밤에는 제법 선선해진

→ 낮에는 무덥지만 밤에는 제법 선선한

'무덥다'는 형용사, '선선해지다'는 동사이므로 앞뒤가 잘 어우러지지 않는다. '선선해진'을 '선선한'으로 고쳐 쓴다.

ⓞ 어느날 → 어느 날

'어느'와 '날'은 별개의 단어이므로 띄어 쓴다.

ⓧ 별무소득이 없었다 ➜ 별무소득이었다

'별무소득'이 '별로 얻는 바가 없음'이라는 뜻이므로 이어지는 '없었다'는 표현은 어울리지 않는다.

ⓚ 힘든 것임에 틀림없나 ➜ 힘든 것인가

간결하게 고쳐 쓴다.

ⓔ 팀웍을 ➜ 팀워크를/결속(력)을

'팀워크'가 바른 표기이다. '결속' 또는 '결속력'으로 바꿔 표현해도 좋다.

ⓟ '살'일텐데 ➜ '살'일 텐데

'텐데'는 '터인데'를 줄여 쓴 형태다. '-ㄹ(어미)' 뒤에 '터(의존명사)+-이-(서술격 조사+ㄴ데(어미))'가 이어진 구조다. 따라서 '텐데'는 띄어 쓴다. '좋을 텐데', '할 텐데'도 마찬가지로 띄어 쓴다.

– 국립국어원, 『한눈에 알아보는 신문언어 바로 쓰기』, 2010.

참고문헌 및 자료

- 강태환 외(2005), 『토론의 방법』, 커뮤니케이션 북스.
- 강희숙(2003), 『국어정서법의 이해』, 역락.
- 경북대(2003), 『한국의 언어문화』, 경북대출판부.
- 고가 후미타케(2015), 『작가의 문장수업』, 경향 BP.
- 고길섶(2000), 『채팅, 자유의 새로운 영토, 문화읽기 :삐라에서 사이버 문화까지』, 현실문화연구.
- 고려대학교 사고와 표현 편찬위원회(2005), 『인문학과 글쓰기』, 고려대 출판부.
- 구현정(2004), 『대화의 기법』, 경진문화사.
- 국립국어연구원(1999), 『표준국어대사전』, 두산동아.
- 국립국어연구원(2000), 『어문규범 실태 조사-인터넷 홈페이지를 대상으로』, 조사 자료집.
- 국립국어연구원(2000), 『표준국어대사전 편찬 지침 Ⅰ, Ⅱ』.
- 군산대학교 국어국문학과(2005), 『작문과 화법』, 한국문화사.
- 권영민(1997), 『우리 문장 강의』, 신구문화사.
- 김규철 외(1996), 『화법의 이론과 실제』, 집문당.
- 김병택 외(2007), 『대학생의 글쓰기』, 보고사.
- 김봉군 외(1996), 『문장작법』, 신구문화사.
- 김상준(1986), 『방송과 우리말』, 정음사.
- 김성규(1998), 『이런 말 실수, 저런 글 실수-광고언어』, 문화관광부 연구보고서.
- 김성훈(1998), 「pc통신 토론방의 격화가 참가자의 내집단선호, 의견개진 및 토론평가에 미치는 영향」, 서울대 석사학위논문.
- 김영희 외(2013), 현대사회와 비판적 글쓰기, 도서출판 박이정.
- 김정태(2005), 『현행 한글맞춤법의 이해와 실제』, 충남대 출판부.
- 김종택 외(1998), 『화법의 이론과 실제』, 정림사.
- 김종택(1996), 『고등학교 화법』, 동아서적.

- 김종호(2001), 『계약서 작성 가이드 & 사례』, 바른지식.
- 김진우(1994), 言語와 意思疏通-수사학과 화용론의 만남, 한신문화사.
- 나사렛대학교 교양국어교수진(2011), 『움직이는 읽기 쓰기』, 보고사.
- 노은희(1998), 「대화지도를 위한 반복표현의 기능연구」, 서울대대학원 박사학위 논문.
- 문금현(1999), 「대학에서의 화법 강의안」, 『숙명어문논집』 2집, 숙명여대 국어국문학과.
- 문금현(2000), 「대학생 화법에 나타난 사회언어학적 특성」, 『새국어교육』 59호, 한국국어교육학회.
- 문장과 작법 편찬위원회(1997), 『문장과 작법』, 세종출판사.
- 문화체육관광부(2008), 『국어어문규정집』, 대한교과서주식회사.
- 민현식(1999), 『국어 남녀 언어의 사회언어학적 특성 연구』, 사회언어학 5-2호, 한국사회언어학회.
- 박갑수 외(1984), 『논술문 무엇을 어떻게 쓸 것인가』, 동성사.
- 박갑수(1999), 『아름다운 우리말 가꾸기』, 집문당.
- 박금자 외(2007), 『언어예절』, 방송대출판부.
- 박승준(2002), 『우리문장 바로쓰기』, 학지사.
- 박승준(2004), 『글쓰기의 이론과 실제』, 학지사.
- 박영순(1976), 「국어경어법의 사회언어학적 연구」, 『국어국문학』 72-73, 국어국문학회.
- 박인환 편저(1991), 『실용국어 중심의 바른 우리말』, 세계일보사.
- 박종원(1998), 『읽으며 배우는 직장예절』, 학현사.
- 부경대 문장의 이해와 표현 편찬위원회(1997), 『문장의 이해와 표현』, 세종출판사.
- 사이토 마코토(양영철 옮김), 『기획서, 제안서 작성법』, 삼양미디어.
- 서울대학교 교양교재 편찬위원회(1992), 『국어작문』, 서울대학교 출판부.
- 서인석 외(2004), 『인문계열 직업세계와 맞춤형 글쓰기』, 영남대학교 출판부.
- 서재원(1996), 『바로쓰는 우리말 아름다운 우리말』, 한길사.

- 서정수(1985), 『작문의 이론과 방법』, 새문사.
- 성환갑 외(2001), 『삶을 함께하는 국어 화법』, 동인.
- 세명대 국어교재 편찬위원회(1999), 『정보화 시대의 국어강의』, 세명대학교.
- 송경아(1997), 「통신 글쓰기의 여러 가지 모습」, 『오늘의 문예비평』 여름호.
- 육재용(2005), 『글쓰기와 논술작법』, 학문사.
- 윤희원 역(1995), 『좋은 화법과 화법 지도』(MARTIN BRYAN 지음, 1962), 교육과학사.
- 이강현 외(1998), 『논문작성의 이론과 실제』, 학지사.
- 이기종(1998), 『작문의 이론과 실제』, 학문사.
- 이석주 외(2002), 『대중매체와 언어』, 역락.
- 이선희 외(1999), 『글로벌 시대의 국제 매너와 에티켓』, 한올출판사.
- 이오덕(1996), 『우리문장쓰기』, 한길사.
- 이옥련 외(1996), 『무슨 말을 어떻게 할 것인가』, 숙명여대출판부.
- 이응백 외(1992), 『말을 어떻게 할 것인가』, 현대문학.
- 이익섭(1994), 「사회언어학」, 대우학술총서 『인문사회과학』 75, 민음사.
- 이익섭(2005), 「국어학개론」, 학연사.
- 이정복 외(2000), 『바람직한 통신언어 확립을 위한 기초 연구』, 문화관광부 연구보고서.
- 이정복(1998), 「컴퓨터 통신 분야의 외래어 사용」, 『새국어생활』 8-2, 국립국어연구원.
- 이주행 외(1985), 『글을 어떻게 쓸 것인가』, 경문사.
- 이주행 외(1992), 『말을 어떻게 할 것인가-효과적인 화법의 비결』, 현대문학사.
- 이주행 외(1996), 『고등학교 화법』, 금성출판사.
- 이주행(1983), 『화법의 원리와 실제』, 경문사.
- 이주행(1986), 『화법이 교수-학습이론』, 유아출판사.
- 이주행(1999), 『방송화법』, 역락출판사.
- 이주행(2000), 『한국어 문법의 이해』, 월인출판사.

- 이주행, 이규항, 김상중(1998), 『표준 한국어 발음 사전』, 지구문화사.
- 이창덕 외(2004), 『삶과 화법』, 박이정.
- 이태영 외(2000), 『언어와 대중매체』, 신아출판사.
- 이태준(1990), 『문장 강화』, 창작과 비평사.
- 임규홍(1998), 『어떻게 말하고 들을 것인가』, 박이정.
- 임칠성(1995), 『대인관계와 의사소통』, 집문당.
- 임칠성(1997), 「화법 교육의 방향 연구」, 『국어교육』 94호, 한국국어교육연구회.
- 장소원 외(2000), 『이런 말 실수, 저런 글 실수–공문서편』, 문화관광부 연구보고서.
- 장소원 외(2002), 『말의 세상, 세상의 말』, 월인.
- 장창영 외(2003), 『디지털시대의 글쓰기』 I, II, 태학사.
- 전영우(1993), 『교양인의 화법』, 창조사.
- 전영우(1999), 『토의 토론과 회의』, 집문당.
- 전영우(2004), 『언어예절과 인간관계』, 역락.
- 전은주(1999), 『말하기, 듣기 교육론』, 박이정.
- 정승혜 외(2003), 『대학생을 위한 화법 강의』, 태학사.
- 정승혜(1995), 『대학교양국어』, 교문사.
- 정진권(2004), 『문장론 연습』, 학지사.
- 조선일보사(1991), 『우리말의 예절 1, 』, 조선일보사.
- 차현실 외(1998), 『현대국어의 사용실태 연구』, 태학사.
- 최동주 외(2004), 『이공계열 직업세계와 맞춤형 글쓰기』, 영남대학교 출판부.
- 최상규(1997), 『글 어떻게 쓸 것인가』, 예림기획.
- 최염순 역(1995), 『카네기 인간관계론』(DALE CARNEGIE 지음, 1937), 카네기 트레이닝(주)성공전략연구소.
- 최재봉(2004), 『최재봉 기자의 글마을 통신』, 새움.
- 최혜실 외(1999), 『생각, 짜임, 글』, 태학사.
- 쿠도 코지(박영경 옮김), 『최강의 반론기술』, 삼양미디어.
- 토마스 코웰스키 외(1997. 오연희 역), 『단락 어떻게 읽고 쓸 것인가』, 예림기획.

- 하치근(1998), 『화법개론』, 동아대학교 출판부.
- 한국화법학회(1999), 『국어화법과 방송언어』, 역락.
- 한양대학교 국어교육위원회 편(2004), 『창조적 사고와 글쓰기』, 한양대학교 출판부.
- 한양여자대학 국어교육연구회(2001), 『언어예술과 미디어』, 좋은날.
- HRS종합연구소 편저(2005), 리포트 보고서 작성법, 삼양미디어.
- J.M.머리(1990. 최창록 옮김), 『문체론 강의』, 현대문학.
- L.플라워(2000. 원진숙 외 역), 『글쓰기의 문제 해결 전략』, 동문선.
- P.하트웰(1985. 이을환 외 편저), 『글을 어떻게 쓸 것인가』, 경문사.
- U.에코(2001. 김운찬 옮김), 『논문 잘 쓰는 방법』, 열린 책들.
- Gail E. Myers & Michele Toled Myers(1985), The Dynamics of Human communication : a laboratory approach, the mcgraw-hill, co. inc.
- Grice. H. P.(1975), Logic and conversation, cole, P. and morgan, J. (egs,), Syntax and semantics 3 speech act, new york, academic.
- Ross. R. S.(1986), Speech Communication, prince-hall inc.
- Stewart J. & Logan C. E.(1998), Together, Communication Interpersonally, the mcgraw -hill co. inc.

읽기 마당 자료

- 김환석(2004), 「생명공학의 윤리적 쟁점과 과학자의 책임」, 『인간연구』 6, 가톨릭대학교 인간연구소.
- 신동식(2014), 『기독교 세계관이 상실된 세상에서』, 우리시대.
- 홍성욱(2008), 「과학과 윤리가 만났을 때 우리의 과제」, 『홍성욱의 과학에세이 과학, 인간과 사회를 말하다』, 동아시아.
- 강방식, 「성비 균형 · 구조적 평등 사이에서 중심 잡아야」, 『조선일보』, 2008.4.17.
- 고승우 기자, 「여성, 직업 갖기 보단 현모양처 바람직"」, 『미디어 오늘』, 2010.3.20.
- 권순일 기자, 「돈, 외모 등이 행복의 조건이 아닌 이유」, 『코메디닷컴』, 2015.12.29.
- 김민정 기자, 「미혼 男女 90%, '혼전 성관계' 가능」, 『이데일리』, 2015.2.7.

- 김순덕, 「사랑하니까 동거한다고?」, 『동아일보』, 2003.7.18.
- 김용승, 「순리적 자연질서를 찾습니다」, 『데일리리뷰』, 2009.5.28.
- 김진혁, 「부자는 현재진행형이다」, 『한국재경신문』, 2007.12.18.
- 김천, 「스티브 잡스, 그는 세상을 변화시켰다」, 『주간경향 946호』, 2011.10.18.
- 김택근, 「토스트 할머니」, 『경향신문』, 2007.4.18.
- 김현주 기자, 「여성 60%, 혼전동거 "아직은 반대하지만 생각해보겠다"」, 『세계일보』, 2011.5.18.
- 남종영 기자, 「100 대 57…갈길 먼 '남녀 고용평등'」, 『한겨레』, 2009.11.18.
- 노현웅 기자, 「'집단적 지성' 표출 불구 감정적 행동 문제」, 『한겨레』, 2008.8.11.
- 대학내일 20대연구소, 「2016 '대학생이 꿈꾸는 결혼' 인식」, 2016.2.2.
- 류이근 기자, 「동성애자 넘어 여성의 승리"」, 『한겨레』, 2009.2.2.
- 류정 기자, 「영화서나 현실서나 돈 좋아하는 여자들…이유가 뭘까!?」, 『조선일보』, 2006.7.26.
- 박범신, 「생각의 틀을 바꿔야 행복해진다」, 『한겨레』, 2009.3.20.
- 박영숙, 「부상하는 뇌과학, 2010년 먹거리된다」, 『데일리안』, 2010.2.14.
- 박종구, 「거대과학 왜 중요한가」, 『서울신문』, 2008.7.18.
- 백승찬 기자, 「동성애, 과학계선 '이해' 종교계는 '반대'」, 『경향신문』, 2006.12.31.
- 손봉석 기자, 「직장인 '뉴스 접할 때 인터넷 선호' 94%」, 『경향신문』, 2012.1.18.
- 신항섭 기자, 「대한민국 성공조건 1위는 '경제적 능력'」, 『아시아뉴스통신』, 2015.11.5.
- 안석호 기자, 「트랜스젠더 전용 화장실 등장」, 『세계일보』, 2008.7.30.
- 양선아 기자, 「행복의 구체성과 선택」, 『한겨레』, 2012.1.1.
- 양은하 기자, 「국가 · 지역성평등지수 상승에도 의사결정은 여전히 '남자세상'」, 『뉴스1코리아』, 2015.12.30.
- 윤수희 기자, 「2030 결혼관 들어보니…"연애 따로 결혼 따로」, 『뉴스1코리아』, 2016.2.9.
- 이경달 기자, 「부부만 같이 사나 동거가 어때서…"당당한 젊은이들"」, 『매일신문』,

2011.12.3

- 이유진 기자, 「재편되는 성 질서에 틀어진 남성들」, 『한겨레』, 2007.2.20.
- 이한음, 「스마트폰이 삶의 문법을 바꾼다」, 『신동아』, 2010.6.1.
- 이현주 기자, 「사랑으로 포장된 '동성애'」, 『기독교연합신문』, 2016.2.4
- 이현주 기자, 「사랑으로 포장된 '동성애'」, 『기독교연합신문』, 2016.2.4.
- 임상수 기자, 「美대학생 73% "SNS 친구는 진짜 친구 아니다"」, 『연합뉴스』, 2011.8.24.
- 정승욱 기자, 「'동성애' 방관만 할 것인가」, 『세계일보』, 2010.6.1.
- 정연순, 「딸들아, 여성에게 맞는 직업은 따로 없단다」, 『한겨레』, 2008.4.20.
- 조국, 「동성애 분열국」, 『한겨레21』, 2008.8.8.
- 조현정 기자, 「행복의 열쇠는 富가 아니라 자유」, 『매일경제』, 2008.8.25.
- 중앙일보, 「세포 젊게 하는 방법 찾았다」, 『중앙일보』, 2008.8.11.
- 최민영 기자, 「'환경 대재앙'이 지구를 삼키고 있다」, 『경향신문』, 2005.11.2.
- 최원형 기자, 「위헌결정 10년 다 돼도 군 가산점제 부활 논란」, 『한겨레』, 2008.9.18.
- 하윤해 기자, 「가족 간 대화 단절, 병주고 약주는 인터넷…74% "온라인으로 대화"」, 『국민일보』, 2006.5.29.
- 하재영, 「심각한 사이버 공간의 언어폭력」, 『경북일보』, 2015.7.16.
- 다음 아고라 「여성도 군복무해야 한다고 봅니다」(pip***)

사진 자료

14쪽 인터넷을 활용한 정보검색(Startup stock photo)

19쪽 SNS의 일종인 트위터(Pixabay)

38쪽 행복 지수를 높이는 것으로 나타난 '연애'(Pixabay)

59쪽 영화〈귀여운 여인〉 포스터(홈페이지)

65쪽 스티브 잡스(퍼블릭도메인)

67쪽 애플 사 앞 스티브 잡스를 추모하는 모습(퍼블릭도메인)

73쪽 자유 선택은 행복감의 상승 요인(Pixabay)
79쪽 발레리나 강수진(the ballet bag 홈페이지)
84쪽 뇌과학의 발달(Pixabay)
88쪽 우주 왕복선(Pixabay)
91쪽 스마트폰의 내비게이션 역할(Pixabay)
92쪽 사막으로 변하고 있는 아랄 해의 모습(퍼블릭 도메인)
117쪽 부각되는 여성의 진출과 성공(Pixabay)
128쪽 화장실 표지(PEACOCK PANACHE)
130쪽 동성결혼을 옹호하는 모습(Pixabay)
135쪽 에이즈의 위협을 강조하는 CDC 포스터(퍼블릭 도메인)
138쪽 암스테르담의 게이 프라이드(Pixabay)
140쪽 요한나 시구르다르도티르(퍼블릭 도메인)

부록

조별 토론 개요서

개인용 토론 준비 개요서

토론자 평가표

토론 글쓰기

조별 팀워크 자가 평가표

강의 시작 설문

강의 중간 설문

강의 종료 설문

조별 토론 개요서

<table>
<tr><td>(　　) 분반</td><td>찬성 조원</td><td></td><td rowspan="2">사회자</td><td rowspan="2"></td></tr>
<tr><td>(　　) 조</td><td>반대 조원</td><td></td></tr>
<tr><td>논제</td><td colspan="4"></td></tr>
<tr><td>주요
용어정의</td><td colspan="4"></td></tr>
<tr><td>쟁점 A</td><td colspan="4"></td></tr>
<tr><td>찬성근거</td><td colspan="4"></td></tr>
<tr><td>반대근거</td><td colspan="4"></td></tr>
<tr><td>쟁점 B</td><td colspan="4"></td></tr>
<tr><td>찬성근거</td><td colspan="4"></td></tr>
<tr><td>반대근거</td><td colspan="4"></td></tr>
</table>

조별 토론 개요서

<table>
<tr><td>(　　) 분반</td><td>찬성 조원</td><td></td><td rowspan="2">사회자</td><td rowspan="2"></td></tr>
<tr><td>(　　) 조</td><td>반대 조원</td><td></td></tr>
<tr><td>논제</td><td colspan="4"></td></tr>
<tr><td>주요
용어정의</td><td colspan="4"></td></tr>
<tr><td>쟁점 A</td><td colspan="4"></td></tr>
<tr><td>찬성근거</td><td colspan="4"></td></tr>
<tr><td>반대근거</td><td colspan="4"></td></tr>
<tr><td>쟁점 B</td><td colspan="4"></td></tr>
<tr><td>찬성근거</td><td colspan="4"></td></tr>
<tr><td>반대근거</td><td colspan="4"></td></tr>
</table>

조별 토론 개요서

<table>
<tr><td>(　　)분반</td><td>찬성 조원</td><td></td><td rowspan="2">사회자</td><td rowspan="2"></td></tr>
<tr><td>(　　)조</td><td>반대 조원</td><td></td></tr>
<tr><td>논제</td><td colspan="4"></td></tr>
<tr><td>주요
용어정의</td><td colspan="4"></td></tr>
<tr><td>쟁점 A</td><td colspan="4"></td></tr>
<tr><td>찬성근거</td><td colspan="4"></td></tr>
<tr><td>반대근거</td><td colspan="4"></td></tr>
<tr><td>쟁점 B</td><td colspan="4"></td></tr>
<tr><td>찬성근거</td><td colspan="4"></td></tr>
<tr><td>반대근거</td><td colspan="4"></td></tr>
</table>

개인용 토론 준비 개요서

(　　) 조	학과/이름		입장	찬 / 반
논제				
주요 용어정리				
쟁점 A				
근거1				
근거2				
근거3				
쟁점 B				
근거1				
근거2				
근거3				

개인용 토론 준비 개요서

(　　) 조	학과/이름		입장	찬 / 반
논제				
주요 용어정리				
쟁점 A				
근거1				
근거2				
근거3				
쟁점 B				
근거1				
근거2				
근거3				

개인용 토론 준비 개요서

(　　) 조	학과/이름		입장	찬 / 반
논제				
주요 용어정리				
쟁점 A				
근거1				
근거2				
근거3				
쟁점 B				
근거1				
근거2				
근거3				

토론자 평가표

<table>
<tr><th colspan="4">평가요소</th></tr>
<tr><td rowspan="3">태도</td><td>자세는 바른가?</td><td rowspan="3">내용</td><td>자료수집 및 준비는 충분한가?</td></tr>
<tr><td>시선은 청중(상대방)을 주시하는가?</td><td>흥미 있는 내용인가?</td></tr>
<tr><td>표정과 동작은 적절한가?</td><td>논리적이고 객관적인 내용인가?</td></tr>
<tr><td rowspan="5">음성</td><td rowspan="2">발음은 명확한가?</td><td rowspan="5">기타</td><td>이성과 감성에 동시에 호소하고 있는가?</td></tr>
<tr><td>효과적인 표현을 사용하고 있는가?</td></tr>
<tr><td rowspan="2">안정된 어조를 사용하고 있는가?</td><td>논리적으로 상대방을 반박하고 있는가?</td></tr>
<tr><td>핵심을 명확하게 전달하고 있는가?</td></tr>
<tr><td>말의 속도, 억양은 적절한가?</td><td>표준어를 사용하고 있는가?</td></tr>
</table>

<table>
<tr><th colspan="4">평가내용</th></tr>
<tr><td></td><td>이름</td><td>장점</td><td>단점</td></tr>
<tr><td rowspan="6">A팀</td><td></td><td></td><td></td></tr>
<tr><td></td><td></td><td></td></tr>
<tr><td></td><td></td><td></td></tr>
<tr><td></td><td></td><td></td></tr>
<tr><td></td><td></td><td></td></tr>
<tr><td></td><td></td><td></td></tr>
<tr><td rowspan="6">B팀</td><td></td><td></td><td></td></tr>
<tr><td></td><td></td><td></td></tr>
<tr><td></td><td></td><td></td></tr>
<tr><td></td><td></td><td></td></tr>
<tr><td></td><td></td><td></td></tr>
<tr><td></td><td></td><td></td></tr>
<tr><td colspan="2">우수토론자</td><td colspan="2"></td></tr>
</table>

토론자 평가표

평가요소			
태도	자세는 바른가?	내용	자료수집 및 준비는 충분한가?
	시선은 청중(상대방)을 주시하는가?		흥미 있는 내용인가?
	표정과 동작은 적절한가?		논리적이고 객관적인 내용인가?
음성	발음은 명확한가?	기타	이성과 감성에 동시에 호소하고 있는가?
			효과적인 표현을 사용하고 있는가?
	안정된 어조를 사용하고 있는가?		논리적으로 상대방을 반박하고 있는가?
			핵심을 명확하게 전달하고 있는가?
	말의 속도, 억양은 적절한가?		표준어를 사용하고 있는가?

평가내용			
	이름	장점	단점
A팀			
B팀			
우수토론자			

토론자 평가표

<table>
<tr><th colspan="4">평가요소</th></tr>
<tr><td rowspan="3">태도</td><td>자세는 바른가?</td><td rowspan="3">내용</td><td>자료수집 및 준비는 충분한가?</td></tr>
<tr><td>시선은 청중(상대방)을 주시하는가?</td><td>흥미 있는 내용인가?</td></tr>
<tr><td>표정과 동작은 적절한가?</td><td>논리적이고 객관적인 내용인가?</td></tr>
<tr><td rowspan="6">음성</td><td rowspan="2">발음은 명확한가?</td><td rowspan="6">기타</td><td>이성과 감성에 동시에 호소하고 있는가?</td></tr>
<tr><td>효과적인 표현을 사용하고 있는가?</td></tr>
<tr><td rowspan="2">안정된 어조를 사용하고 있는가?</td><td>논리적으로 상대방을 반박하고 있는가?</td></tr>
<tr><td>핵심을 명확하게 전달하고 있는가?</td></tr>
<tr><td rowspan="2">말의 속도, 억양은 적절한가?</td><td>표준어를 사용하고 있는가?</td></tr>
<tr></tr>
</table>

<table>
<tr><th colspan="4">평가내용</th></tr>
<tr><td></td><td>이름</td><td>장점</td><td>단점</td></tr>
<tr><td rowspan="6">A팀</td><td></td><td></td><td></td></tr>
<tr><td></td><td></td><td></td></tr>
<tr><td></td><td></td><td></td></tr>
<tr><td></td><td></td><td></td></tr>
<tr><td></td><td></td><td></td></tr>
<tr><td></td><td></td><td></td></tr>
<tr><td rowspan="6">B팀</td><td></td><td></td><td></td></tr>
<tr><td></td><td></td><td></td></tr>
<tr><td></td><td></td><td></td></tr>
<tr><td></td><td></td><td></td></tr>
<tr><td></td><td></td><td></td></tr>
<tr><td></td><td></td><td></td></tr>
<tr><td colspan="2">우수토론자</td><td colspan="2"></td></tr>
</table>

토론 글쓰기

(　　)조　　　　학과 :　　　　학번 :　　　　이름 : ________________

* 토론의 내용을 잘 듣고 요약합니다.

* 토론을 바탕으로 자신의 견해를 담은 한 편의 글을 쓰시오.

제목

서론

본론

결론

토론 글쓰기

(　　)조　　　　학과 :　　　　학번 :　　　　이름 : ______________

* 토론의 내용을 잘 듣고 요약합니다.

* 토론을 바탕으로 자신의 견해를 담은 한 편의 글을 쓰시오.

제목

서론

본론

결론

토론 글쓰기

(　　)조　　　　학과 :　　　　　학번 :　　　　　이름 : ____________

* 토론의 내용을 잘 듣고 요약합니다.

* 토론을 바탕으로 자신의 견해를 담은 한 편의 글을 쓰시오.

제목

서론

본론

결론

조별 팀워크 자가 평가표(학기 중간 점검)

번호	평가 항목	수행 준거	매우 못했다	못했다	보통이다	잘했다	매우 잘했다
1	참여도	1. 질문하였는가?	1	2	3	4	5
		2. 성실하게 답변하였는가?	1	2	3	4	5
		3. 토론에서 의견을 제시하였는가?	1	2	3	4	5
		4. 자료 공유는 잘 이루어졌는가?	1	2	3	4	5
		5. 아이디어를 제공하였는가?	1	2	3	4	5
2	책임감	6. 맡은 주제를 학습하기 위해 자료를 검색하였는가?	1	2	3	4	5
		7. 검색자료들은 유용한 것이었는가?	1	2	3	4	5
		8. 학습한 내용을 팀원들에게 설명하도록 요약/조직하였는가?	1	2	3	4	5
		9. 팀 모임시간을 잘 지켰는가?	1	2	3	4	5
		10. 팀 운영규칙을 잘 지켰는가?	1	2	3	4	5
3	의사소통	11. 토론에서 팀원 의견을 경청하였는가?	1	2	3	4	5
		12. 토론에서 동의 여부 등을 표현하였는가?	1	2	3	4	5
		13. 학습한 내용을 팀원들에게 이해할 수 있도록 쉽게 설명했는가?	1	2	3	4	5
		14. 팀원들 과제 해결 제시안은 만족스러웠는가?	1	2	3	4	5
		15. 과제 해결방안은 다수 팀원들의 결정사항이었나?	1	2	3	4	5
4	문제 대처 능력	16. 예상 문제점에 대하여 사전 예측했는가?	1	2	3	4	5
		17. 문제점에 대하여 정확히 인식하였는가?	1	2	3	4	5
		18. 팀원간의 문제점을 팀워크로 해결하였는가?	1	2	3	4	5
		19. 팀장은 문제 발생 시 현명하게 처리했는가?	1	2	3	4	5
		20. 팀장은 팀원 간의 공정한 역할 분담으로 문제 발생을 사전에 차단하였는가?	1	2	3	4	5

강의 시작 설문

번호	강의 평가 내용	매우 아니다	조금 아니다	아니다	중간 이다	그렇다	조금 그렇다	매우 그렇다
1	말하기와 글쓰기의 중요성에 대해 인지하고 있으며, 현대인에게 반드시 필요한 능력이라고 생각한다.	1	2	3	4	5	6	7
2	평소에 말하기와 글쓰기에 대한 관심이 있다.	1	2	3	4	5	6	7
3	이 강좌를 통해 말하기와 글쓰기에 대해 많은 것을 배울 수 있을 것이라는 기대를 하게 되었다.	1	2	3	4	5	6	7
4	나는 토론과 글쓰기 능력을 향상시키기 위해 노력할 것이다.	1	2	3	4	5	6	7
5	본 강의에서 교수님께 바라는 점이 있다면?							
6	자기를 소개하는 글을 써주세요 (생김새, 취미, 특기, 친구, 학교생활, 꿈, 좌우명 등)							

강의 중간 설문

번호	강의 평가 내용	매우 아니다	조금 아니다	아니다	중간 이다	그렇다	조금 그렇다	매우 그렇다
1	강의는 강의계획서에 따라 성실히 진행되고 있다.	1	2	3	4	5	6	7
2	교재와 강의 자료는 적절히 선정되고 학습에 도움이 되었다.	1	2	3	4	5	6	7
3	토론 주제는 학습자의 흥미와 동기를 부여하였다.	1	2	3	4	5	6	7
4	강의내용은 학습자의 수준에 적절하였다.	1	2	3	4	5	6	7
5	동영상 자료는 주제와 적합하였다.	1	2	3	4	5	6	7
6	과제물은 강의 내용과 관련하여 적절히 부과되고 있다.	1	2	3	4	5	6	7
7	중간고사는 강의 내용과 일치하였다.	1	2	3	4	5	6	7
8	강의가 만족스럽게 진행되고 있다.	1	2	3	4	5	6	7
9	수업진도와 수업시간에 다루는 학습내용의 양이 적절하다.	1	2	3	4	5	6	7
10	조별 활동은 잘 이루어지고 있다.	1	2	3	4	5	6	7
11	토론은 잘 이루어지고 있다.	1	2	3	4	5	6	7
12	교수의 강의 스타일에 만족한다.	1	2	3	4	5	6	7
13	수업진도와 수업시간에 다루는 학습내용의 양이 적절하다.	1	2	3	4	5	6	7
14	교수는 학생의 질문에 성실하게 답변하였다.	1	2	3	4	5	6	7
15	교수는 과제물에 대하여 충분히 첨삭지도 하였다.	1	2	3	4	5	6	7
16	교수는 토론과 질의응답을 통해 학생의 능동적 참여를 유도하고 있다.	1	2	3	4	5	6	7
17	교수의 목소리, 눈 맞춤, 표정, 몸동작 등의 강의 내용 전달에 적절하다.	1	2	3	4	5	6	7
18	교수는 강의내용 전반에 대하여 충분한 지식을 갖고 있다.	1	2	3	4	5	6	7
19	현재까지의 강의내용은 교육목표와 학습 성과의 성취에 부합한다.	1	2	3	4	5	6	7
20	글쓰기클리닉과 말하기클리닉에 대해 알고 있으며 이용할 예정이다.	1	2	3	4	5	6	7
21	지금까지 수업에서 좋았던 점 :							
22	지금까지 수업에서 개선할 점 :							

강의 종료 설문

번호	프로그램 학습성과	매우 아니다	조금 아니다	아니다	중간 이다	그렇다	조금 그렇다	매우 그렇다
1	본 강의를 통해 글쓰기의 원리와 절차에 대해 잘 알게 되었다.	1	2	3	4	5	6	7
2	본 강의를 통해 글쓰기의 수준이 향상되었다.	1	2	3	4	5	6	7
3	글쓰기를 통해 비판적 사고력이 향상되었다.	1	2	3	4	5	6	7
4	본 강의를 통해 토론의 방법에 대해 잘 알게 되었다.	1	2	3	4	5	6	7
5	토론수업을 통해 스스로 문제를 해결하는 과정을 경험하였다.	1	2	3	4	5	6	7
6	본 강의를 통해 말하기 능력이 향상되었다.	1	2	3	4	5	6	7
7	본 강의를 통해 말하기의 태도에 대해 잘 알게 되었다.	1	2	3	4	5	6	7
8	본 강의에서 다루어진 영상자료는 여러모로 유익하였다.	1	2	3	4	5	6	7
9	본 수업은 다른 교과목 학습에도 도움을 줄 것이라고 생각한다.	1	2	3	4	5	6	7
10	본 강의를 통해 시사적인 문제와 세계에 대한 안목이 향상되었다.	1	2	3	4	5	6	7
11	교수는 강의에 성실하였으며, 적절한 수준의 강의를 하였다.	1	2	3	4	5	6	7
12	선택된 교재는 적절하였으며, 이해하기에 적합하였다.	1	2	3	4	5	6	7
13	교수는 학생들의 요구에 귀를 기울였으며, 친절하게 답변하였다.	1	2	3	4	5	6	7
14	강의실의 교육환경에 만족한다.(크기, 청결, 조명, 소음, 온도 등)	1	2	3	4	5	6	7
15	교수 및 학습방법에 적절한 기자재가 강의실에 충분하게 비치되어 있었다.	1	2	3	4	5	6	7
16	나는 이 과목에 대해 전체적으로 만족한다.	1	2	3	4	5	6	7